税と社会保障の基礎知識

公共経営と社会の仕組み

金﨑健太郎 KANASAKI, Kentaro

Basic knowledge of Social systems,
Taxes and Social security for Public Management

関西学院大学出版会

税と社会保障の基礎知識

公共経営と社会の仕組み

はしがき

本書は、大学生や社会に出て間もない方々を対象に、社会人として身につけておくべき知識として、国や地域社会の仕組み、税制度、公的年金や公的医療保険などの社会保障制度についての基礎的な制度解説をその内容としている。

国や地域社会という公共的な社会は、一人ひとりの国民や住民の参画によって運営されている。そして社会人になるということは、社会に出て働くということと同時に、国や地域社会の担い手になるという意味を持っている。

公共的な社会はそれを運営するための仕組みを有し、個人では得ることのできない様々な公共サービスを提供している。一方、担い手である社会人は税や保険料を支払ってその財源を負担しなければならない。つまり社会人になるということは、公共的な社会の経営に参画すると同時に、社会との間で受益と負担の関係を持つことでもある。

人口減少と長寿化が進む日本において、自分の将来に漠然とした不安を抱える若者は多い。しかし自らが担い手として参画する社会の仕組みや社会保障制度に関する知識、その対価として負担する税制度の知識を得ることは、社会人としての自覚に加え、社会生活や将来について一定の安心感を与えてくれるとともに、時として自分自身を守る武器にもなってくれるであろう。

公共的な社会と自身との関係についての基礎的な知識を持った社会人が増えることは、国や地域社会の健全な発展にとって有益であることを著者は信じてやまない。

2023 年 9 月

著　者

目 次

はしがき　i
図表目次　vii

序　章　公共経営（Public Management）とは何か　―――― 1

第1章　社会の仕組みの基礎知識　―――― 7

第1節　総論　9
1　社会に必要な政治　9
2　国家とは　11
3　国家と法　14
4　法の支配と権力分立　15
5　三権分立　17
1　三権分立の仕組み　17
2　国会（立法権）　20
3　内閣（行政権）　24
4　裁判所（司法権）　29

第2節　地方自治制度　33
1　地方自治の意義　33
1　地方自治とは　33
2　日本の地方自治制度の特徴　36
2　地方公共団体の仕組み　41
1　普通地方公共団体と特別地方公共団体　41
2　地方公共団体の担う事務　42
3　地方公共団体の組織　47
4　大都市制度　49
3　国と地方公共団体の役割　52
1　国と地方公共団体の役割分担　52
2　都道府県と市町村の役割分担　54

第2章　税の基礎知識 ―――― 59

第1節　総論　61

1　税とは何か　61

2　身近な税　63

3　税の分類　67

第2節　収入にかかる税　70

1　所得税・住民税　70

1　収入には所得税がかかる　70

2　収入と所得　72

3　所得への課税か人への課税か　74

4　累進税率　77

5　住民税　78

2　働き方で変わる納税　81

1　確定申告とは　81

2　住民税と確定申告　87

3　収入をめぐる様々な「壁」　87

4　税務調査　93

第3節　消費や財産にかかる税　94

1　消費税　94

1　消費税とは　94

2　消費税の負担と納付　96

3　地方消費税　98

2　相続税・贈与税　100

1　相続税　100

2　贈与税　106

第3章　社会保障の基礎知識 ——— 109

第1節　総論　111

1　社会保障の意義　111

2　社会保障制度の概要　112

3　日本の社会保障制度の特徴と変遷　116

1　日本の社会保障制度の特徴　116

2　社会保障制度の変遷　118

3　社会保険と民間保険　120

第2節　年金　127

1　公的年金の仕組み　127

1　年金は何のためにあるのか　127

2　公的年金の特徴　129

3　公的年金の基本構造　133

4　公的年金の保障内容と給付の種類　134

5　受給資格　136

6　国民年金の保険料免除・納付猶予制度　138

7　働き方や暮らし方で変わる年金加入　141

2　年金財政　147

1　年金財政の基本構造　147

2　賦課方式と積立方式　148

3　年金を維持する仕組み　151

第3節　医療・介護　156
1　公的医療保険の仕組み　156
1　国民皆保険　156
2　保険診療の仕組み　159
3　公的医療保険の種類　162
4　働き方や年齢で変わる保険　163
5　公的医療保険による給付内容　165
2　保険財政　168
1　医療提供の全体像　168
2　各保険者の比較　170
3　保険料　171
4　国民健康保険の財源構成　174
5　後期高齢者医療制度の概要と財源構成　175
3　介護保険　177
1　介護保険制度の概要　177
2　制度導入の背景と特徴　178
3　介護保険制度の仕組みと財源構成　180
4　介護サービス利用の流れ　181
5　介護サービスの種類　182

索引　185

図表目次

図1-1　法の分類……15
図1-2　三権分立……19
図1-3　国の行政機関の組織図……28
図1-4　三審制……31
図1-5　首長と議会の関係（二元代表制）……39
図1-6　地方公共団体の種類……42
図1-7　国・都道府県・市町村の事務分類……45
図1-8　地方公共団体の行政組織……48
図1-9　地方公共団体が担う主な事務……51
図2-1　消費税の流れ……63
図2-2　所得税・住民税の流れ……64
図2-3　収入と所得……73
図2-4　所得控除と課税総所得……74
図2-5　税額控除……77
図2-6　超過累進税率……78
図2-7　住民税のイメージ……79
図2-8　所得税と住民税の違い……80
図2-9　確定申告書（第一表）……85
図2-10 電子申告（e-Tax）……86
図2-11 収入をめぐる「○○○万円の壁」……88
図2-12 収入をめぐる様々な壁……92
図2-13 軽減税率の対象となる飲食料品の範囲……95
図2-14 消費税の仕組み……97
図2-15 法定相続人の範囲と順位……102
図2-16 法定相続分……103
図2-17 相続財産の分類……104
図2-18 相続税の仕組み……105
図2-19 贈与税の仕組み……107
図2-20 相続時精算課税制度……108
図3-1　社会保障の意義……112
図3-2　国民生活を生涯にわたって支える社会保障制度……115

図 3-3　日本の社会保障制度の特徴 …… 117
図 3-4　社会保障制度の変遷 …… 119
図 3-5　公的年金の特徴 …… 129
図 3-6　公的年金の基本構造 …… 133
図 3-7　公的年金の保障内容 …… 134
図 3-8　公的年金の受給資格 …… 137
図 3-9　国民年金の保険料免除・納付猶予制度 …… 139
図 3-10 負担と給付のさまざまなケース（国民年金の場合） …… 140
図 3-11 働き方・暮らし方別の公的年金の保障 …… 144
図 3-12 年金制度の体系図 …… 146
図 3-13 公的年金（国民年金＋厚生年金）の財源イメージ …… 148
図 3-14 賦課方式と積立方式 …… 149
図 3-15 賦課方式と保険料負担 …… 152
図 3-16 マクロ経済スライド …… 153
図 3-17 マクロ経済スライドによる調整 …… 154
図 3-18 財政検証 …… 155
図 3-19 国民皆保険制度の特徴 …… 157
図 3-20 国民医療費の構造 …… 158
図 3-21 公的医療保険を利用した診療（保険診療）の仕組み …… 160
図 3-22 公的医療保険の一部負担金の割合 …… 161
図 3-23 公的医療保険の種類 …… 163
図 3-24 公的医療保険による給付内容 …… 165
図 3-25 高額療養費制度 …… 167
図 3-26 我が国の医療制度の概要 …… 169
図 3-27 公的医療保険の保険料 …… 172
図 3-28 国民健康保険の財源構成 …… 174
図 3-29 後期高齢者医療制度の概要 …… 175
図 3-30 後期高齢者医療制度の財源構成 …… 176
図 3-31 介護保険制度の概要 …… 177
図 3-32 介護保険制度の特徴 …… 179
図 3-33 介護保険制度の仕組みと財源構成 …… 180
図 3-34 介護サービスを利用するまで …… 181
図 3-35 要介護度の区分 …… 181

表 1-1　国会の招集と会期 ……………………………………………21
表 1-2　衆議院と参議院 ………………………………………………23
表 1-3　市町村・都道府県・国の役割分担と事務配分 ………………55
表 2-1　税の分類 I ……………………………………………………68
表 2-2　税の分類 II ……………………………………………………69
表 2-3　人的控除と物的控除 …………………………………………76
表 2-4　年末調整で調整できない主な控除 ……………………………83
表 2-5　消費税の税率 …………………………………………………96
表 2-6　消費税率の推移 ………………………………………………99
表 3-1　社会保険と民間保険との相違 ……………………………… 123
表 3-2　1965 年と 2020 年の物価の違い ……………………………… 130
表 3-3　家族をめぐる代表的な変化 ………………………………… 132
表 3-4　公的年金の給付の種類 ……………………………………… 135
表 3-5　公的年金制度の種類と加入する制度 ……………………… 143
表 3-6　賦課方式と積立方式の特徴 ………………………………… 151
表 3-7　公的医療保険の種類と主な加入者 ………………………… 164
表 3-8　海外の医療保障制度 ………………………………………… 168
表 3-9　各保険者の比較 ……………………………………………… 171
表 3-10 介護保険の被保険者 ………………………………………… 178
表 3-11 介護サービスの種類 ………………………………………… 183

＊本文中の図表のうち、出所を記載したもの以外はすべて著者が作成したものである。

序章

公共経営（Public Management）とは何か

私たちはみんな国や地域社会の一員です。そして皆さんは、これからその担い手になります。

私たち人間は誰しも一人では生きていけません。一人では生きていけないので、人と人が集まって生きています。人の集まりというのが社会ですが、もっとも小さい社会は家族でしょう。私たちは生まれた瞬間から、家族という社会の一員です。しかし実は、もっと大きな社会の一員にもなっています。それは自分が住んでいる町、あるいは自分が住んでいるこの国。生まれた瞬間から、国や地域社会という大きな社会の一員でもあるのです。

皆さんは生まれた時から、日本という国、住んでいる町の一員として、その社会の中で育ってきました。しかし今までは、どちらかというと社会から恩恵を受け、社会に育ててもらってきました。でも社会人になると、今度は社会の一員だけではなく、その社会を担っていく方に回っていくことになります。つまり社会の担い手になっていくのです。

社会人になるということは、国や地域社会という大きな社会の中で、一人ひとりがその担い手になるということです。社会に出るまでの学校などでの学びは、まさにこの社会の担い手になるために必要な知識やスキルの学びと言っても過言ではありません。

公共経営という言葉があります。公共経営というと政府や地方公共団体など行政機関のマネジメントを指して使われることもありますが、本書では違った意味でそれを使います。では、本書において公共経営とはどのようなものを指すのでしょうか。

例えば、国や地域社会には、それぞれ国の行政を動かしていくための仕組みや、地方公共団体の行政を動かしていく仕組みがあります。国だと各省庁を中心とした行政組織、地域社会だと都道府県や市町村を中心とした行政組織です。公共経営は、これら行政組織の経営を指す言葉として使われることがあります。また行政組織以外の公共的な活動を行う組織も含めてその対象とすることもあります。

しかし、本書で捉える公共経営というのはもっと広いものです。ここでいう公共経営とは、社会に属するすべての人や組織による、様々な活動全体を対象にしたマネジメントを指しています。そして、社会が抱える様々な課題を解決しながら、そこに属する人々が不自由なく暮らしていけること、そのような状態を公共経営（Public Management）がうまくいっている状態と捉えています。

私たちは今、同じ時代に生きていますが、年齢・性別・立場・社会的な環境などはバラバラです。もちろん知らない人がほとんどでしょうけれど、知っている人も知らない人もいます。そういう立場や年齢・性別も違ったりするような人たちが、今この時代に生きている。そして個人や企業、様々な形態の組織がそれぞれ別個の目的を持って存在し、活動しています。そんな社会をどうやってうまく回していくか、大きな意味での社会経営。それを公共経営と捉えたいと思います。

企業の場合には経営を担う経営者がいます。つまり、経営に責任を持っている人がいるのです。そして企業が誰のものかというと、それにお金を出している株主たちのものです。そして実際には経営者を支える従業員の人たちが、その経営をも支えている。つまり、経営の担い手は限定されています。

しかし、本書でいう公共経営の目的は、その社会に属している多くの人々と組織がちゃんと生活し活動していけるように、国や地域社会を全体としてうまく回していくことです。行政組織だけがうまく経営されていても、私たちが日々生活していくうえではあまり関係がありません。私たちは日々買い物に行き、食事をし、勉強して、遊びに行きます。そして病気になったら病院に行く。人が生きていくうえでは様々な物やサービスのニーズがあり、それを提供する人たちがいて初めて、生活が成り立っています。

つまり、公共経営は行政組織や政治家だけが担い手なのではなく、私たち一人ひとりの個人、そして様々な企業や個人事業主などすべての人と組織が担い手です。もちろん、行政組織は公共的な課題を解決するにあたって中心的な役割を担わなければなりませんから、公共経営と深い関係があります。行政組織以外にも公共的な目的を持って活動する法人も多数あります。しかし、営利を追求する企業が私的な目的を持っているからといって、公共経営の担い手でないとはいえません。多くの企業が社会のニーズに対応した多様な物やサービスを提供するという役割を担っているからこそ、私たちは満足した生活が送れます。

個人を含めた社会の様々な主体が担っている役割、つまり、社会的役割の集合によって社会全体がうまく機能し、人々の暮らしが成り立っていくこと。これを「公共経営」という概念で包括をしていくのが本書の考え方です。公共経営の対象はとても広いのです。

社会に属する人や組織がそれぞれ持つ役割をきちんと果たすことで、社会が全体としてうまく機能していく状態につながっていきます。企業は事業を軌道に乗せて商品やサービスの提供をすることでその役割を果たします。個人は自分の仕事を一生懸命にする、学生は学生の本分を踏まえてしっかり勉強する。それぞれがこういった役割を果たすことによって、社会が全体としてうまく機能していきます。つまり、社会に属するすべての人や組織が公共経営を支えているのです。国や地域社会という大きな社会の中で、自分自身の役割をしっかり果たしていくこと、それが公共経営を支えることにつながります。

皆さんは国や地域社会の一員なのですが、家では家族の一員、大学で勉強している時は学生、サークルの活動の中ではそのメンバー、アルバイトをしている人はバイト先のメンバーの一人です。すでに皆さん自身、社会の中で複数の役割を同時並行で果たしています。さらに企業の一員になったり、公務員になって行政組織の一員になったりという役割が加わっていきます。住んでいる地域で自治会の構成員として役員にならなければいけないこともあるでしょう。家族の中では親という役割を担う人もいるでしょう。人はそれぞれが複数の社会的役割を果たしていくのです。

誰がどれだけの役割を果たしているかは正確に把握できませんし、その必要もありません。しかし、それぞれの役割をきっちり果たしていくかどうかで、社会がうまく機能していくのか、若しくはどこかで引っかかって社会がうまく回らなくなり、課題が生じてくるのかが分かれてきます。社会人になることは、自分がこれまでよりも多くの社会的役割を果たし、公共経営の担い手として社会の中でより影響力の大きい存在となっていくことに他なりません。そしてそのような意識を持つことは、社会全体にとって非常に重要なことです。

社会人となった個人が果たしていく社会的役割というのは非常に幅広いので、本書ではまず個人と、もっとも大きな社会である国や地域社会との関わりに着目します。まず、社会の担い手として、これからどのように国や地域社会と付き合うことになるのか、どのように関わっていくのかに着目をしていきましょう。

人が生活していくうえで、どうしても「自分だけでは解決できない課題」が出てきます。例えば、自分で働いてお金を稼いで、ごはんを食べたり家を借りたりすることはできますが、いくら自分で頑張っても、通勤に使う道路を作ったり橋を架けたりすることは難しいですよね。ですから、大きな社会である国や地方公共団体が、道路を作ったり橋を架けたりトンネルを掘ったりしています。また、自分のことは自分で守るのが原則ではありますが、すべての危険から自分自身で身を守るのは非常に難しいでしょう。ですから、国が警察という組織を作り安全を守っています。また外国から国を守るために、国は自衛隊という組織を作ってみんなの安全を確保しています。こういった公共サービスは個人ではできません。国や地域社会という大きな社会だからできるのです。

一方でこのような国や地域社会が提供する公共サービスを支えるためにはお金が必要です。それはどこから生み出すかというと、担い手である社会の構成員が広く負担をすることになります。それが「税金」です。さらに公的年金や公的医療保険などの場合には「保険料」という形で負担をするものもあります。

社会人として社会の担い手になると、国や地域社会から公共サービスを受ける代わりに、その原資となる税金や保険料を負担する義務が生じることになります。つまり公共サービスを提供する国や地域社会とその構成員であり担い手である社会人とは、受益と負担の関係を持つことになるのです。

個人として国や地域社会から生涯にわたって受けるもっとも大きな受益が、公的年金や公的医療保険などの社会保障制度によるサービスでしょう。そして、それらに対応する負担としてこれも生涯切っても切れない関係となるのが税金です。本書では公共サービスの提供を行う国や地域社会の仕組み、そして担い手として負担の義務を負うことになる税金、公共サービスの中でも特に私たち個人の人生に大きな関わりを持つ公的年金や公的医療保険などの社会保障制度の基礎的な知識を解説します。

いずれも今後の人生において切っても切れない大切な知識です。そしてそれは、社会の担い手として必要な知識なのです。

第1章

社会の仕組みの基礎知識

第1節　総論

1　社会に必要な政治

皆さんは政治という言葉にどんなイメージを持っているでしょうか。政治というとドロドロしているとか、おじさんたちが色々とコソコソやっているとか、ちょっと汚いイメージや悪いことをしていそうなイメージを持っている人もいるかもしれませんね。

しかし、社会にはやはり政治が必要です。では、なぜ政治が必要なのでしょうか。社会とは人の集まりです。ですから一人では社会とはいえませんが、二人でも社会ですし、人が集まればそれを社会といいます。もっとも小さな社会は家族でしょうし、学校も社会です。学校の中のクラスも一つの社会になります。人は一人では生きていけませんので、集まって社会を作り、その社会の中で生活をしています。家族・学校・会社といった社会集団がそれですね。

一番小さな単位である家族は、社会の中でも、血のつながった非常に濃い社会です。学校は家族ほど濃くありませんが、一緒のクラスで学び、友だち関係になっていく、割と近い社会ですね。そして会社になると、同じ会社に勤めてはいますが、社長もいれば、上司も部下もいて、年齢も違う人が多くいます。つまり年齢や立場はバラバラですが、会社という組織によってつながっている社会です。

これが地域社会となるとどうでしょうか。○○市という同じ地域に住んでいても、知っている人も知らない人もいます。知らない人の方が多いかもしれませんね。もちろん年齢もまちまちです。個々人の関係でいうと、ほとんど接点や共通点もなく、あまり親しくもない人たちが構成している社会といえます。そして国になると、北海道の人も沖縄の人ももちろん国の一部ですから、会ったこともなければ行ったこともない土地の人も参加しているとても広い社会です。

つまり国や地域社会は、社会の中でも個々人のつながりが薄くて参加者の幅が広く、様々な人たちがそれぞれの役割を果たしながら全体として成り立っている社会ですね。それゆえ、家族や会社などの小さな社会に比べると、より公共性が高い社会といえます。

当然のことながら、社会を構成する人の幅が広く、公共性が高い社会であればあるほど、様々な立場や環境の人がいますので、その社会の課題やあり方に関する意見の相違や利害の対立というのが起こりやすくなります。例えば、大学だと同級生やせいぜい４歳程度年齢が違う人しかいませんが、それでもテーマによっては色んな意見の差異があるでしょう。ところが国や地域社会になると、性別も違えば年齢も違い、職業や立場も違えば、経済的な環境も含めて個々人を取り巻く環境は大きく異なります。そんな中で、課題を解決するためには意見を集約していかなければなりません。意見の衝突や利害の対立が当然起こります。そういう意見の衝突や利害の対立をそのまま放っておくとどうなるでしょうか。あちこちで感情的にいがみあったり、けんかをしたりして、社会が混乱していきます。社会の課題を解決するどころか、無用な混乱を起こすことだってあり得るのです。世界には一つの国の中で戦争が起こったり、危険性の高い無秩序な社会になっている国もありますよね。

政治というのは、構成する人々の幅が広く公共性の高い社会において、意見の衝突や利害の対立を調整して、様々な課題を解決したり将来に向けた道筋をつけて、社会の平和や安全を維持しようとする活動そのものなのです。公共的な社会である以上、政治がうまく機能していないと、意見の衝突や利害の対立で混乱が起こります。混乱が起こると危険なことが起こる可能性があり、安心して暮らせません。政治はそういう意味で非常に大切な機能なのです。

政治とは、意見の衝突や利害の対立を調整し、公共性の高い社会がうまく回っていくようにするための一つの機能です。公共的な社会の機能としての政治が行われる場所は大きく二つあります。その一つが国家、つまり日本国の中央政府です。そしてもう一つが地域社会の中心となる地方公共団体。これは都道府県と市町村の二層に分かれています。国と、都道府県と市町村という地域社会を支える地方公共団体を中心に政治が行われていくことになります。

日本では、近代社会においてはこの政治が割とうまく機能をしています。日本の歴史においても例えば戦国時代などは、中央政府の力が低下したため、諸大名が無秩序に自分の利害を調整していたので戦争があちこちで起こり、みんなが安心して暮らせませんでした。でも近代社会では、軍事、警察、裁判をする権利、税金を徴収する権利といった強制力を持った権限を中央政府と地方公共団体が独占し、それを背景に社会を安全に運営することに概ね成功しています。これらは、政治によってコントロールされているといえます。中央政府と地方公共団体において政治が機能していることによって初めて、公共的な社会を運営するための様々な力を国や地方公共団体が独占し、安全な社会を維持することができているのです。

ですから、政治はやはり必要なのです。政治がなければ、困ったことが起きても誰も助けてくれないという社会になりかねません。

2　国家とは

国のことを国家といいます。もちろん日本も一つの国家です。では国家の定義とは何でしょうか。

国家という以上は一定の領域、つまりエリアが必要です。そして、そこに住んでいる人、国民が必要です。そして国家には、国が自分の意思を持って、自分で何かをする権限を持っていることが必要です。これを主権といいます。国が自分で自分の意思を決定し、自分で何かを決めて動く権利が、主権です。

国家という以上は、この領域・国民・主権という三つの要素が必要です。これを持つ組織が国家と定義されます。領域というのは、領土・領海・領空、つまり土地と海を含めたエリア、そしてその上の空で成り立ちます。領域がなければ、国家とはいえません。例えばネット空間のみで存在する国家はゲームの中ではあるかもしれませんが、これは本当の国家とはいえないのです。

どこかの無人島に行って「これを◯◯国にします」と宣言しても、そこに誰も住んでいなければ、これも国家とはいえません。国民がいませんからね。また誰かが住んでいる島があったとしても、自分たちで自分たちのことを決められない組織、つまり誰かの決めたルールに従って暮らしていく必要があるのであれば、国家とはいいません。どこか他の国の一部といった位置づけにしかならないのです。

こうした三つの要素が揃って初めて、国家となります。領域・国民・主権という国家が成り立つための要素のうち、特に主権は非常に大切なものです。主権は国家のみが有する、最高絶対の支配権です。自分たちの領域は自分たちで支配をし、自分たちのことは自分たちで決めるという最高意思の決定権がある、そして他の国からは独立している。これが主権です。主権という言葉は、個人や会社では使えません。これは国家にのみに使う言葉です。国家が有する支配権のことを主権といい、主権を持つのが国家です。

では一つの国家の中で具体的に主権を有し、行使しているのは誰なのでしょうか。実はその国によって、誰が主権を持つかが違います。現在の日本は国民主権の国です。つまり日本国民全員が集団で、国家である日本の主権を持っています。ですから、国民がみんなで決めるのが原則です。しかし、すべての国がそうだというわけではありません。王様が主権を持っている国もあります。日本も明治時代までは国民主権ではありませんでした。明治時代は天皇が主権を持っていたわけです。

世界の長い歴史の中でも様々な国家の形があり、ヨーロッパを中心とした国家には王様がいて、王様が主権者として国を支配していました。王様が主権者として支配する国は、王様の統治権のもとに初めて国家という組織があり、それを支えるために機能しているのですよ、という形でした。王様こそが国家であったわけですね。そのうち「国民がいて、領土があって、主権があって初めて国家だ」という考え方が出てきました。これが近代国家です。王様こそが国家の時代には国は王様のもの、つまり個人の所有物みたいなものですから、王様がやろうと思えば何でもできました。王様が無理なことを言っても、国民はそれに従わざるを得なかったのです。

それではダメだろうということで、ヨーロッパでは色々な革命が起きました。つまり王様・王政を倒して、近代国家を立ち上げるという歴史があったのです。その近代国家が成り立ってきた19世紀以降に、一つの国家の姿として「夜警国家」という姿が良いのではないかと考えられた時期がありました。

夜警国家とは、王政時代のように国民が国に支配されることを避けるためには、国家は国民にとってもっとも大切なことのみ、具体的には国民の安全を守る国防や警察のような治安を維持する仕事だけを行い、国民の自由な活動にはあまり干渉しないのが望ましい、という考え方です。国はあまり余計なことをせず、本当に必要な仕事だけをして、あとは国民に自由に活動してもらおうという考え方ですね。国民をできるだけ自由にするという意味で自由国家、また国は積極的にあれこれ国民に干渉しないという意味で消極国家とも呼ばれています。

夜警国家や自由国家、消極国家の国家像というのは、最小限の安全を守ることは国がやるけれど、それ以外は国民の自己責任です。たとえば国民の間に貧困や経済格差があっても、それは国民の自己責任なので国家は介入しないという社会になります。つまり国の機能というのが最低限の安全確保に限定されるということです。

ところが20世紀になると、それだけでは国の機能として不十分だという考え方が出てきました。社会である以上、障害（障がい）を持った人やお年寄り、子どもなどの社会的な弱者、そして経済格差によって経済的な弱者が生まれます。そういう人たちがちゃんと生きていけるように、国は経済政策や社会保障政策を行って、国民の生活に積極的に介入していくべきではないかという考え方です。こういう考え方が20世紀には主流になってきました。このような国家像を福祉国家といいます。19世紀の国家の理想像は夜警国家でしたが、20世紀になると福祉国家が理想的であり、国は社会保障政策や経済政策などによって困っている人を助け、国民生活が豊かになるように積極的に様々な政策を実施していくべきだという考え方になっていったのです。

現代の多くの先進国、そして現在の日本もこの福祉国家の理念に基づいて運営されています。ですから社会保障や経済に関連する政策も積極的に実施しています。全ての国民が豊かに生活し、そして社会として国がうまく回っていくために、国家が積極的に様々な政策を行っているのです。

3　国家と法

主権を持つ国家は、国という公共的な社会の運営のため様々な役割を果たしていきますが、国という大きな社会を円滑に運営し、様々な立場の多くの人々が暮らしていくためには、やはりルールが必要です。このルールが法です。

法のあり方も、実は国によってだいぶ違います。国によって法の存在の仕方が違うのです。そもそも法の中には、自然法と実定法というものがあります。自然法というのは、文字で書いてある法律ではなく、人間である以上、時代や社会を超えて普遍的に通用するであろうと思われる根本法というものです。例えば人を殺してはいけないとか、物を盗んではいけない、そういう当然のごとく普遍的に存在するようなルールは、自然法に当たります。それに対して実定法とは、人間が作成し、特定の時代や社会のみで通用する法律です。一般的に法律というと、この実定法のことを指しますが、広く法について考える時には、当然の摂理である自然法のようなルールも存在しています。

実定法の中にはさらに、成文法と不文法があります。六法全書に書いてあるような文字になった法律のことを成文法といいます。皆さんがイメージする法律はこれの事ですね。国家が制定する成文法には、憲法を頂点として法律、命令、条例、規則が存在します。言うまでもなく、憲法は国家の最高法規です。法律は国会が制定し、命令は内閣が制定します。条例は市町村や都道府県など地方公共団体の議会が制定し、規則は地方公共団体の長が制定しますが、これらも成文法の一つです。

ところが成文法以外にも法、つまりルールとしての役割を果たすものはあります。それが不文法です。文字で「○○をしてはいけない」「○○をこうする」などとは書かれていませんが、事実上法律と同じ効果を持つものです。その一つが慣習法です。これは、昔からこうしていたから正しい、と思われているもののことです。そしてもう一つ、判例法は、裁判所がかつてこう判断したから、これに従うのが通常だというものです。そして最後に条理というものがあります。これは法律には書かれていませんが、法律上の考え方からすれば、こうあるべきなのが当然だというものです。慣習法、判例法、条理はいずれも六法全書には載っていませんが、事実上、法律と同じような効果を持ってルールになっているものです。これを不文法といいます。そしてこれらを全部総称して、法という存在になります。いわゆる法律というイメージよりもかなり広い概念ですね。

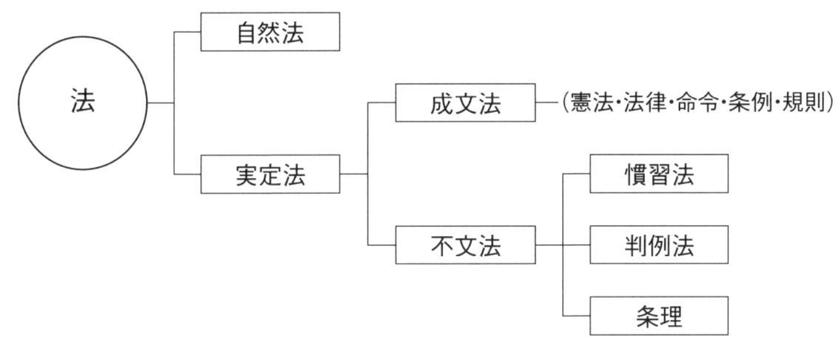

図 1-1　法の分類

4　法の支配と権力分立

形式は国によって異なりますが、国家は法をもって運営されていくものです。それに関して、法の支配という言葉があります。

法の支配とは、国が法を有している以上、法は国民だけでなく権力者をも拘束するという意味を持ちます。実質的に法のルールはみんなを平等に拘束するという、いわゆる法治主義ですね。これは法が国を治めていくという実質的な法治主義です。今の日本はこの実質的法治主義を採っています。法は国民だけではなく、権力者も当然拘束します。どんな偉い人でも法律に違反したことをすれば罰せられます。

ところがこの考え方は、歴史的にずっと当たり前であったわけではありません。実質的法治主義に対して形式的法治主義という考え方があります。これは同じ法が国を治めるという法治主義でも、形式さえ整っていればいい、という考え方ですね。割り切って考えて法律の範囲内でしか国民を守らないというものです。実は日本でも明治憲法は、そういう考え方でした。

法の支配とは、そもそも権力者であっても法律には従わなければいけない、つまり法が平等に公正に国のルールとして機能するという考え方です。非常に民主的、先進的な考え方です。一方、形式的法治主義というのは、法律に書いてあることを守っていればその範囲内では守られるけれども、それ以上のことは守られないという考え方です。

日本は現在の憲法のもとで実質的法治主義が採られ、みんなの代表が作った法律は権力者であっても拘束する、法の前には皆平等であるという考え方になっています。そのためには、権力者があまりに力を持ちすぎて国民の生活を脅かすことにならないように国の仕組みを作る必要があることから、権力分立という手法が採られています。

明治時代は形式的法治主義で、主権は国民にはありませんでした。ですから統治権は主権者である天皇にありました。国民は天皇の臣下、家来という位置づけだったわけですね。それが今は国民主権となり、みんなで作ったルールである法が権力者をも拘束し、法律以上に偉い人は誰もいません。法の前に国民は皆平等です。そのために社会の仕組みにおいて、一番強い人が存在しないように権力を分けるという手法が採られたのです。これが権力分立です。

具体的には国の統治に関して必要となる権力を三つに分けて、その三つの権力が抑制と均衡、つまりチェック・アンド・バランスを取るようにする。そうすることで一つのところに力が集中しないようにしています。ある権力を持った人が暴走して、国民の皆が恐れるような存在になる、という状態を作らないための仕組みです。

では、国を運営するために必要な権力をどのように三つに分けているのでしょうか。まず、法治主義ですから法律が一番重要です。その法律を作る権限、立法権は国民の代表からなる国会にあります。そして法律に基づいて様々な行政を執行する権限、これを行政権といいます。この行政権は、内閣総理大臣を長とする内閣に与えます。そして法律に照らして揉め事や事件を裁く権限を司法権といいます。この司法権は裁判所に与えています。この三つの権限に、それぞれチェック・アンド・バランスの機能を持たせて、国会と内閣、裁判所がそれぞれ暴走しないようにしているのです。権力を分け合い、三つの機関がチェック・アンド・バランスで均衡を保って、どこか１カ所に権力が集中することのないように、日本の国の仕組みは作られています。それによってバランスを取りながら、国民主権の理念を守る仕組みになっているのです。

5　三権分立

 三権分立の仕組み

国民主権の日本では、国のことを決める最高の権限である主権は国民にあります。私たち全員にあります。そのうえで、国という社会のルールである法律を作る権限は、国会に立法権として与えられています。国会を構成するのは、国民が選挙で選ぶ国会議員です。つまり国民は選挙によって国会議員を選び、この立法というものを付託しています。

一方、法律に基づいて国が実施する様々なサービスなど日々の仕事をやっていくのは行政です。行政権は内閣総理大臣を長とする内閣に与えられ、内閣に属する各省庁が日々社会のために仕事をしていきます。国会は内閣にどのように関与するかというと、その長である内閣総理大臣を国会が指名します。そして内閣があまりうまく仕事ができなかったら、国会は不信任決議をして、「これではダメだよ」と言うことができます。ダメだよと言われたら、内閣総理大臣は衆議院を解散して国会議員の選挙をやり直してもらうか、内閣総辞職で自分が辞めるかのどちらかを選ばなければならないと決められています。つまり、国会は行政の最高責任者を決め、その最高責任者がうまくやれない時には不信任の決議をし、その時には内閣総理大臣は辞めるか衆議院の解散という手段を使って国会議員の選挙をして国民の判断を求めるしか道はありません。内閣は国会に対して連帯責任を負っているのです。このような仕組みを議院内閣制といいます。

国会は１年中開かれているわけではなく、会期というものがあります。その会期ごとに、国会が開かれますが、それを招集するのは行政権つまり内閣の権限です。ここでもチェック・アンド・バランスになっているわけですね。

内閣と裁判所の関係ですが、裁判所は裁判官から構成され基本的には独立をしています。この裁判所に対して国民は何ができるのでしょうか。裁判所は、最高裁判所・高等裁判所・地方裁判所・家庭裁判所・簡易裁判所から構成されていますが、そのトップに立つのは最高裁判所です。最高裁判所には15人の裁判官がいます。この15名が司法権のトップを構成する裁判官です。この最高裁判所の裁判官のうち最高裁判所長官については、内閣が指名して天皇が任命し、その他の裁判官は内閣が任命をすることになっています。しかし、最高裁判所の裁判官は、国民が審査をしてこれを罷免させる制度があります。これを最高裁判所裁判官国民審査といいます。審査というのは、選挙ではないので選ぶわけではないのですが、もし最高裁判所の行う裁判が不公平だとか、国民の理解を得られないようなものが多くなってくれば、国民審査を通じて特定の裁判官を辞めさせることができるようになっているのです。そういう権限が国民に与えられています。

具体的には衆議院議員を選ぶ総選挙の時に、国民審査のための用紙が配られて、そこに裁判官の名前が書いてあります。その裁判官の名前の上に、辞めさせたい裁判官のところには×印を記載する仕組みになっています。×印が過半数を超えるとその裁判官は罷免されます。これが最高裁判所裁判官国民審査の制度です。

この制度によって、最終的には国民が司法権に対して口が出せるようになっています。内閣は裁判官の任命を行いますが、かと言って内閣が裁判所に対して優位に立っているかというと必ずしもそうではありません。裁判所は内閣に対して、内閣が作る命令や規則、そして行う処分が適法かどうかをチェックする機能、適法性の審査といいますが、ちゃんとやっているかどうかをチェックする機能を持っています。

国会と裁判所の関係を見ると、国会は法律を制定しますが、それが最終的に憲法に適合しているかどうかを判断するのは裁判所です。裁判所は独立した立場から、国会が制定する法律、内閣が制定する命令や規則が憲法に照らして違反してないかを審査する権限を持っているのです。この権限のことを違憲立法審査権といいます。一方、裁判官は、他の機関から干渉を受けることのない非常に独立性が高い存在です。しかし、非行があった

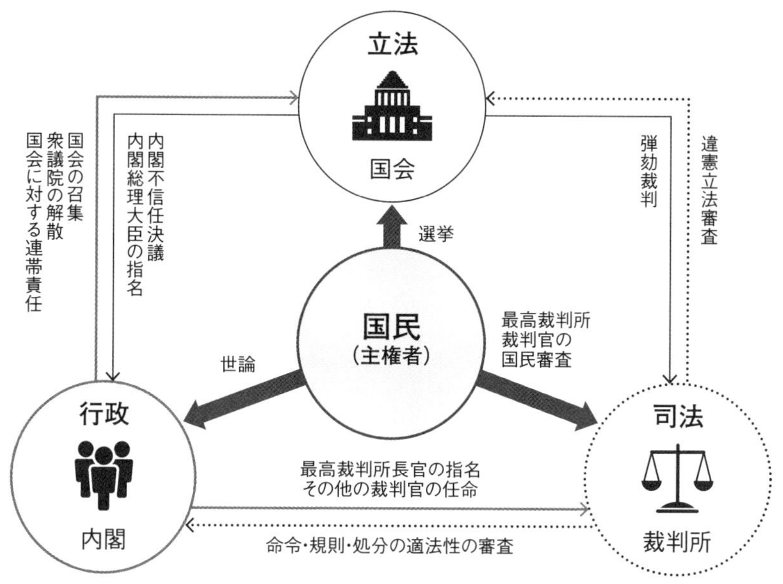

図１-２　三権分立

出所：衆議院 HP　https://www.shugiin.go.jp/internet/itdb_annai.nsf/html/statics/kokkai/kokkai_sankenbunritsu.htm をもとに作成。

裁判官は辞めさせる仕組みがなければいけません。その辞めさせる仕組みは国会が担っています。国会が裁判官に対して行う裁判を、弾劾裁判といいます。裁判官弾劾裁判所という裁判所が国会に設置されていて、そこでは国会議員たちが裁判官になって裁判官を裁きます。そこで罷免、と決められた裁判官は辞めさせることができます。

国会議員は国民が選び、裁判所に対しては国民審査があるのに行政に対して国民が直接行使できる権限がないようにも見えますが、最終的には行政は国会に対して連帯責任を負っていますので、様々なメディア報道を含めた国民の世論というのは、行政も意識せざるを得ない状況になっているわけです。

2 国会（立法権）

国会は、国民から選挙で選ばれた議員が構成する会議体です。日本の国の主権者は国民ですから、この国民から選ばれた代表が集まっている国会は国権の最高機関とされています。また憲法では唯一の立法機関とされています。

国会議員は、法律で定められた選挙制度に基づいて実施される選挙で選ばれます。選挙にはいくつかの方法があり、限られた地域から個人名を書いて選ぶ選挙区選挙、政党名等を書いて投票し、その得票数に応じて議席が配分される比例代表選挙などがあります。ただ、どんな方法で選ばれたとしても、国会議員はすべての国民の代表ということになっています。つまり実際に選んだ人は一部の地域の人かもしれませんが、選ばれた以上はすべての国民の代表になるのです。地域や団体の代表ではないので、特定の地域や一部の団体の人たちだけの意見に拘束されることなく、一人ひとりの国会議員はすべての国民のことを考えて、仕事を行うものとされています。

国会は、衆議院と参議院の二つの院からなっています。皆さんがテレビなどでよく見る国会議事堂は、左右で参議院と衆議院に分かれています。内部も左右対称になっていて、本会議場と呼ばれる大きな会議場がどちらにも一つずつあり、内部は廊下でつながっていますが、それぞれ衆議院と参議院という別の組織が管理しています。

国会は常に開催されているわけではありません。国会を開いて会議を行う時には、内閣が国会を召集します。召集というのは何月何日に集まってくださいと決めるわけです。内閣が召集を決定すると、天皇が召集詔書を公布して国会が開会されます。ですから、国会の開会日には天皇が国会に来て両議院の議員が集まって開会式が行われます。天皇は国の象徴ですが、象徴として国会という国権の最高機関の召集に関わるのです。

開会される国会にはいくつか種類があります。毎年必ず開かれるのが常会という国会で、通常国会ともいいます。これは毎年１回、１月の初旬から中旬にかけて召集されます。そして会期は150日間と決まっています。150日間ですから召集した日にもよりますが６月頃までです。延長は１回

表1-1　国会の招集と会期

種類	召集	会期
常会	毎年1回、1月中	150日間 （延長1回まで）
臨時会	1. 内閣の必要に基づく場合 2. いずれかの議院の総議員の4分の1以上の要求 3. 衆議院議員の任期満了による総選挙、参議院議員の通常選挙後	両議院一致の議決による （延長2回まで）
特別会	衆議院の解散による総選挙後	

（備考）会期及び会期の延長は、両議院一致の議決で定めることとなっていますが、両議院の議決が一致しないときまたは参議院が議決しないときは、衆議院の議決が国会の議決となります。

出所：衆議院 HP
https://www.shugiin.go.jp/internet/itdb_annai.nsf/html/statics/kokkai/kokkai_kaiki.htm

だけできるので、6月から長くて7月くらいまで開かれます。

通常国会が終了しても臨時会が開かれることがあります。臨時国会ともいいます。これは必要な場合に内閣が召集をします。4分の1以上の議員からの要求で召集されることもあります。あるいは衆議院の任期満了による総選挙や参議院議員の通常選挙が行われた後、つまり議員が入れ替わった場合には、入れ替わった後に色んな役職を決めなければならないので、この臨時国会を開くことがあります。例えば急な案件で予算が必要だとか、法律の改正が必要だとかといった場合にも、臨時国会が開かれて、予算案の審議や法律案の審議をすることになります。この場合の会期は、両議院で一致して議決をすれば、自由に決めることができます。また延長も2回までできます。

もう一つ、特別会というものがあります。特別国会ともいいますが、衆議院が解散をした場合には衆議院議員が全部いなくなり、そして総選挙でまた選出されます。その総選挙後に開会される国会が特別会です。特別国会が特別なのは、必ず内閣総理大臣が選ばれることです。つまり、衆議院が解散して総選挙が実施された後には、必ず最初に内閣総理大臣の指名が行われます。ですからこの国会は、内閣総理大臣が代わる可能性がある特別な国会なのです。これも会期は何日でもいいのですが、両議院が一致して決めることになっています。

会期や会期の延長について衆議院と参議院で意見が分かれた時には衆議院の議決が国会の議決になります。衆議院と参議院と二つありますが、基本的には衆議院を優先する仕組みになっています。

衆議院と参議院

国会には衆議院と参議院の二つの院があり、いずれも選挙で選ばれた議員から成ります。選挙制度や任期は、衆議院と参議院とでは微妙に違います。衆議院も参議院も国会議員ですが、衆議院議員は人数が465名、参議院議員は248名です。

衆議院の議員の任期は4年ですが参議院は6年になっています。また衆議院は解散があります。解散というのは内閣不信任案が可決されて国会と内閣との信頼関係が損なわれた場合や、内閣総理大臣が特定の課題で国民に選挙で信を問いたい場合などに国会を解散し、衆議院議員全員を解職してもう一度選挙をやり直す時に行われます。これができるのは衆議院だけです。ですから任期は4年ですが、解散が行われれば1年であろうと6カ月であろうと全員が身分を失ってしまうことになります。

一方で参議院は解散がありません。ですから選挙で選ばれると6年間の任期は保障されるわけです。衆議院の議員は大変です。いつ解散があるかわからないので、せっかく選ばれても気が抜けません。いつも選挙のことを考えなければならないということです。参議院の方は6年間の任期は安泰なので落ち着いて仕事ができます。

選挙権は18歳以上の男女にすべて与えられていますから、皆さんも衆議院議員や参議院議員を選ぶことができます。ところが被選挙権、選挙で選ばれることができる権利、つまり立候補することができる権利は、衆議院議員は25歳以上、参議院議員は30歳以上となっています。

衆議院は明治憲法下でもありました。ところが参議院は明治憲法下では存在せず、その代わりに貴族院というものがありました。貴族院は、皇族や昔の大名家などの華族、国によって任命された勅選議員などから構成されていました。そして、衆議院の議員は国民から選挙で選ばれるのに対し

表1-2　衆議院と参議院

	衆議院	参議院
定数	465名	248名
任期	4年 解散により地位を失う	6年 3年ごとに半数改選
解散	あり	なし
選挙権	18歳以上	18歳以上
被選挙権	25歳以上	30歳以上
選挙区	小選挙区289名 比例代表176名	選挙区148名 比例代表100名

て、貴族院の議員は選挙ではなく、家柄や国の任命によるものでした。

それが戦後の現行憲法下ですべての国会議員は選挙で選ぶことになりました。衆議院はまさに国民の代表から構成する院として、一方で参議院の方は6年という任期が保障されており、移り変わりの激しい国民の声からは少し距離を置いて、中長期的な視点での審議が期待されています。ですから専門性を持っている人や、特定の業界の声をきちっと届けるために存在する人など、選ばれる議員には衆議院とは差があるといわれていました。ただ、実際のところ現在は議員の性質にそんなに差がなくなってきているともいわれています。衆議院議員に落選したから参議院議員になるとか、参議院議員に落選したから衆議院議員になるという人もいます。専門性があったり業界代表の人が出てきたりというのはまだ少しは残っていますが、現在の参議院は衆議院とさほど変わらなくなってきています。その結果、今では衆議院と参議院、二つもいらないのではないかという声まであります。

衆議院と参議院は完全に対等な存在ではありません。憲法で衆議院の優越がいくつかの場面で定められています。例えば、内閣総理大臣の指名です。内閣総理大臣の指名は国会が行うこととされ、衆議院でも参議院でも指名されます。ところが、時として衆議院と参議院で有力政党が持つ議員の数が逆転することがあります。例えば衆議院は自民党議員が多く、参議院は自民党議員が少ないといった場合です。そのようなケースでは、衆議院と参議院で指名する内閣総理大臣が違うことがあり得ます。その場合には衆議院の指名を優先すると、憲法上定められています。

また条約の承認も衆議院と参議院の両方で承認することが原則ですが、違う結果になった時には衆議院の方を優先します。予算についても同じです。毎年の予算は衆議院と参議院の両方で可決して初めて成立しますが、どちらかが否決をした場合には、衆議院の議決を優先すると定められています。

法律案も衆議院と参議院両方で可決して初めて成立します。法律案については、例えば衆議院で可決して参議院で否決された場合には、衆議院にまた戻して、今度は過半数ではなく３分の２以上で再可決した場合には成立することになっています。

つまり、権限的には衆議院の方が参議院よりもより強い権限が持たされているのです。これは、解散が常にあり得ることと、465名という参議院よりも多い人数の議員がいることで、国民の声はどちらかというと参議院よりも衆議院のほうに強く届きやすいという性質を持っているからです。その代わりに参議院は、６年という保障された長い任期で、30歳以上というある程度社会経験を積んだ人がじっくりと議論を行える環境ですから、良識の府や熟慮の府などと呼ばれることがあるように、中長期的な政策の議論や今後の国のあり方を考えていくような機能が期待されているのです。

3　内閣（行政権）

次は、行政権を持つ内閣についてです。行政権とは、立法や司法以外の国が実施する様々な公共サービス、警察や自衛隊など強制力を持って安全を守るようなサービスまで実施する権能です。行政権は内閣に属することになっていて、内閣が行政権を独占しています。

内閣のトップは内閣総理大臣です。内閣総理大臣は、国会議員の中から衆参両院での国会の議決で指名されます。そして天皇がそれに基づいて任命します。天皇は国会の議決で指名された人を必ず任命しなければいけないので、天皇がその意思で内閣総理大臣を代えることはできません。

さらに内閣総理大臣は、内閣を構成する他の大臣を自分の権限で任命します。その大臣たちを国務大臣といいます。国務大臣の過半数は、国会議員の中から選ばなければなりません。過半数未満であれば、国会議員ではない人を任命することもできます。実際に民間から大臣になる人もいます。

議院内閣制を採る我が国においては、内閣は行政権の行使、つまり日々の行政執行について、国会に対し連帯して責任を負うことになっています。内閣総理大臣は国会から指名されているわけですから、国会に対して責任を負います。もし、国会が内閣に対する信頼を失った場合には、不信任決議を行うことができます。衆議院で不信任決議が可決されれば、それを受けた内閣は総辞職するか衆議院を解散し、もう一度選挙をやり直して国民の審判を仰ぐことになるのです。

アメリカは大統領制ですが、大統領制の場合にはまったく違う仕組みです。アメリカの大統領制では、大統領は国会議員ではありません。大統領は誰から選ばれているかというと、国民から直接選ばれています。そしてアメリカにも上院と下院という議会がありますが、これも国民から直接選ばれています。つまり大統領と議会はともに国民から直接選ばれている関係で、運命共同体ではありません。だから大統領は議会に対して独立した権限行使と行動を行います。議会も同じで、大統領と対峙することがあり得るわけです。

これと同じ仕組みなのは日本の地方公共団体です。日本の地方公共団体にも議会がありますが、議会の議員は住民から直接選ばれます。一方で都道府県知事や市町村長も直接選ばれます。つまりこの関係は、役割が違うだけでともに住民から選ばれた人たちなので、連帯責任という関係ではありません。時には対立することがあります。議院内閣制の場合は国会が内閣総理大臣を選んでいるので、選ばれた内閣総理大臣は国会の信任のもとで行政権を行使します。ですからその関係は非常に密接な連帯責任の関係、言い換えれば運命共同体的な関係にあるのです。

内閣は行政権を行使する会議体の機関で、内閣総理大臣と内閣総理大臣が任命したその他の国務大臣で構成されます。内閣は会議体なので閣議という会議が開かれ、そこで様々な内閣の決定事項を処理していきます。よくテレビで出ている総理大臣が中央に座っていて、大臣たちがずらっと横に座っているコの字型の部屋は、閣議の待機室です。ですから、そこでみんな待ち合わせして全員揃ったら、本当の閣議室という丸いテーブルのある部屋に入っていきます。待機室でテレビの取材を受け閣議室の中では取材は受けないことになっているので、待機室での様子がいつもテレビに出てくるのです。

定例の閣議は週2回ありますが、臨時閣議を開くこともあります。また実際の会議ではなく、書類上で意思決定を行う持ち回り閣議というものもあります。閣議では各大臣が了承しましたということを書類に残していきますが、その書類には印鑑ではなく、花押という毛筆のサインを今でも使っています。戦国時代の武将が手紙を書いて、最後に本人だということを示すために書いた文字を崩したサインのようなものを花押といいますが、大臣はみんな花押を持つことになっていて今もそれが続いているのです。

内閣の意思決定は全会一致が原則です。内閣を構成する国務大臣は、内閣総理大臣が自ら選んだ人たちですから、全員が内閣の方針に従うのが原則ということになります。しかし、稀に「それには私は従えない」という大臣が出てくるケースがあります。内閣の意見が一致しないことを「閣内不一致」といいますが、その場合には、内閣総理大臣はその大臣を辞めさせるしかありません。あくまでも全会一致にしなければならないので、その大臣を罷免し、新たに賛成してくれる人を大臣に任命して全会一致にするのです。

内閣は国会に対して連帯して責任を負うので、衆議院が内閣不信任決議を可決して「あなたたちは信頼できない」という意思を表明した場合には、内閣総理大臣は10日以内に衆議院を解散して選挙を行うか、内閣総辞職をしなければなりません。国会が不信任と言った以上は、辞めるか衆議院を解散するかしか途はないのです。

憲法は、国会が内閣総理大臣を選び、内閣は国会の信任のもとに行政権を行使するので、その信任を失った時には選挙をやり直して国民に信を問う、あるいは総辞職して国会が新しい内閣総理大臣を指名して新内閣を発足させる、という二つの選択肢しかないようにしているのです。

1府11省2庁

内閣を構成する国務大臣は、政府の行政組織の長となります。日本には1府11省2庁から成る国の行政組織があります。2001年に中央省庁の再編統合が行われて現在の形になりました。それまではもっと省庁の数が多かったのですね。

各省庁の主な仕事内容ですが、外務省は外国との外交を担い、財務省は予算案の策定や財政の管理を行います。厚生労働省は、社会保障や公衆衛生、労働環境などの仕事をしています。国土交通省は道路や河川、公園などの国土の開発保全、気象、交通政策、海の安全なども担当し、文部科学省は教育や文化、科学技術やスポーツ政策を担います。総務省は地方自治や選挙制度のほか情報通信政策、国の政策評価なども担う非常に幅が広い役所です。防衛省は国の防衛政策を担う役所ですが、自衛隊もその一部となっています。そして法務省は、民法など基本法の運用管理をはじめ出入国管理や刑務所も所管をしています。

庁は省よりも規模が小さかったり仕組みが違ったりするものが多いです。復興庁は、2011年に発生した東日本大震災後の復興を、政府として強力に推進するために設置された役所です。最初は10年だけという期限付きで設置されましたがさらに10年延長されることになりました。復興大臣という国務大臣も置かれていますが、通常の役所と違い時限的に設置されている役所ということで庁になっています。デジタル庁は国のデジタル政策の司令塔として2022年に設置されました。またよく名前を聞く組織として警察庁がありますが、警察庁は特殊です。警察庁は警察権限を取り扱い、治安を維持する大変重要な役所ですが、内閣府に置かれる国家公安委員会という委員会が警察庁の監督をすることになっています。国家公安委員会とは警察を監督する委員会ですが、なぜ普通の国務大臣ではダメなのかというと、警察が非常に強大な権力を持っているからです。ですから警察の監督は非常に慎重にしなければなりません。それで有識者など第三者的な人も入れて委員会を作り、その委員会が警察を監督するという仕組みになっています。そして、その委員の一人に国務大臣が入っています。国家公安委員会の委員長は通常国務大臣が充てられます。なお警察庁

図１-３　国の行政機関の組織図

出所：内閣官房 HP　https://www.cas.go.jp/jp/gaiyou/jimu/jinjikyoku/files/kikouzu_3.pdf

は国の行政組織ですが、地方の警察組織は都道府県ごとに運営されていて、各都道府県にもやはり公安委員会という組織が置かれています。

各省庁それぞれに国務大臣がトップとして入り、実際に役所が執行する行政を束ねていくという仕組みです。ですから各省庁のトップは国務大臣ですけれども、この国の行政組織の最終的なトップは内閣総理大臣ということになります。

4 裁判所（司法権）

三権の三つめは司法権を持つ裁判所です。憲法では、司法権は最高裁判所および下級裁判所に属するとされています。でも実際には下級裁判所という名称の裁判所はありません。通常の裁判では一審二審そして最終審と3回裁判を受ける権利が保障されています。最高裁判所は15名の裁判官で構成する終審裁判所、つまり最終判断を行う裁判所です。そして下級裁判所には、高等裁判所、地方裁判所、家庭裁判所、簡易裁判所という裁判所があります。高等裁判所は全国に8カ所あり、通常第2回目の審理を扱います。そして地方裁判所は全国に50カ所あり、通常第1回目の審理を扱います。ですから通常の裁判ではまず地方裁判所で第一審の裁判を受け、その判決に不服があれば高等裁判所で第二審の裁判を受け、それでも不服があるということになれば、最終審である最高裁判所に訴え出るのが日本の司法の基本的な仕組みです。

家庭裁判所は地方裁判所に併置されますが、主に少年事件や家庭事件という特殊な事件を扱います。簡易裁判所は全国に438カ所あり小さな事件を扱います。刑事事件だと罰金刑などの事件や、民事事件だと140万円以下の少額を争うような事件など、簡易な事件のみを専門に扱います。

裁判所というのは、悪い人を裁くところというイメージが強いのではないかと思いますが、裁判には民事裁判と刑事裁判そして行政裁判があります。よくドラマとかで見る捕まった犯人が手錠をはめられて法廷で裁かれているのは刑事裁判で、国の治安や秩序の維持に反したものの処罰を目的としたものです。ですから裁かれる人は有罪なのか無罪なのか、有罪だとすればどれだけの刑罰を課すかを決めるのが裁判の目的です。

刑事裁判よりも件数が多いのが民事裁判です。民事裁判は私人間の対立の解消を目的にしています。例えば、知人にお金を貸したのに返してくれない場合、日本では私的制裁ができません。返してくれないからその人の家に行って家の中のものを取ってくる、その人の車を持って帰ってくるなどということをすると犯罪になります。そういう場合には裁判所に民事事件として持ち込んで、裁判所が判断をし、裁判所の命令に基づいて、どうしても返さないのなら強制的に徴収するという手続きが取られます。民事事件には訴える人と訴えられる人がいます。訴える人のことを原告、訴えられた人のことを被告といいます。何となく被告の方が悪い人のようなイメージがありますが、民事事件の場合にはそんなことはまったくありません。刑事事件の場合には被告は罪を犯した可能性のある人ですが、民事事件の場合には単純に訴えた人が原告、訴えられた人が被告で、どちらも対等に揉め事の解決に向かって裁判を受けます。

行政裁判とは、一般人が国や地方公共団体に対してその行為の違法性などを争う裁判のことです。例えば、国や地方公共団体の落ち度で一般人が損害を被った際には、国や地方公共団体に対して損害の賠償を請求することができます。この賠償請求は、相手が国や地方公共団体ですから私人間の対立でもないですし、刑事事件でもありません。そういう場合には行政裁判という形で国や地方公共団体の違法性を争い、損害賠償や行為の変更を求める裁判が起こせるようになっています。この行政裁判も裁判所が扱っていきます。民事、刑事、そして行政裁判の三つの類型の裁判を、最高裁判所をはじめとした裁判所、つまり司法権で解決をしているのです。

三審制：慎重かつ公平な裁判を行うための仕組み

通常の民事裁判と刑事裁判は、まず地方裁判所で審理するのが原則です。そして地方裁判所の判断に不服があった場合には、高等裁判所にもう一度訴えることができます。これを控訴といいます。高等裁判所の判断に納得がいかない場合には最高裁判所の判断を仰ぎます。これを上告といいます。３回の裁判が受けられるこの仕組みを三審制といいます。１回の裁判ですべて決まるのではなく、慎重かつ公平な裁判を行うために三審制が

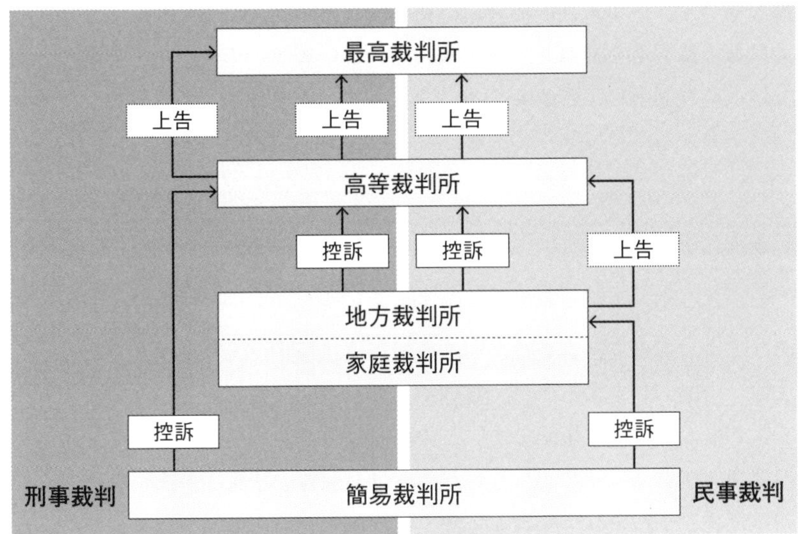

図1-4　三審制

保障されています。ですから地方裁判所では死刑になったけれども、高等裁判所では無期懲役になり、最高裁判所で無期懲役で確定するということが起こり得ます。あるいは逆に、地方裁判所では無期懲役だったけれども高等裁判所では死刑となり、そのまま最高裁判所でも死刑と確定することもあります。もちろん高等裁判所の判断が最高裁判所で覆ることもあります。

控訴や上告は、訴える原告、訴えられた被告双方からできることになっています。民事事件の場合だと訴えた方が原告、訴えられた方が被告ですが、控訴・上告は両方が行うことができます。刑事事件の場合には原告は検察官です。判決は重すぎるとして被告人が控訴や上告をするか、逆に判決が軽すぎるとして検察官が控訴や上告をするかのどちらかになります。

簡易裁判所で裁かれる裁判については、簡易裁判所が第一審になります。民事裁判の場合、簡易裁判所の判決に不服がある場合には地方裁判所に控訴します。さらに地方裁判所の判決に不服がある場合には高等裁判所に上告します。三審制ですから、簡易裁判所・地方裁判所・高等裁判所で終わりです。刑事裁判の場合には簡易裁判所の判決に不服がある場合の控訴は地方裁判所を飛ばして高等裁判所に行います。ですから三審制の３回目は最高裁判所に上告することになります。民事裁判と刑事裁判で終審裁判所が異なることになりますが、いずれも3回の裁判は保障されています。

違憲立法審査権

三権分立制の中で裁判所が持つ大きな権限の一つに、違憲立法審査権があります。違憲立法審査権というのは憲法に根拠があり、国会が制定する法律、内閣が制定する命令、規則や処分が憲法に違反していないかどうかを裁判所が審査する権限です。この権限は最高裁判所だけではなくすべての裁判所が有しています。しかし通常は、違憲立法審査のような重要な問題は控訴、上告されますので、多くは最高裁判所が最終判断することになります。

では、国会が制定した法律が違憲ではないかと考える人が裁判所に訴え出ることができるかというと、日本ではそれはできない仕組みになっています。日本では付随的違憲審査制が採られ、具体的な事件の裁判の際にのみ違憲の審査が可能となります。日本や米国はこの仕組みを採っています。そうではなく、法律ができた段階でその法律が違憲かどうかを審査する抽象的違憲審査制という仕組みもあります。ドイツやイタリアが採っているやり方です。憲法裁判所という専門の裁判所が、具体的な事件に関係なく、法律などの憲法適合性を判断することができる仕組みです。

第2節　地方自治制度

1　地方自治の意義

 地方自治とは

地方自治という言葉は聞いたことがあると思いますが、地方自治とは何なのかを深く考える機会は少ないのではないでしょうか。地方自治イコール市町村、地方自治イコール都道府県ではありません。なぜなら地方自治というのは一つの理念だからです。地方自治という理念に基づいて、仕組みとして導入されているのが、市町村や都道府県という地方公共団体の制度です。では、なぜ地方自治という理念が私たちの社会で採用されているのかを学んでいきましょう。

憲法では第8章に「地方自治」という章が置かれ、「地方公共団体の組織及び運営に関する事項は、地方自治の本旨に基いて、法律でこれを定める」（憲法第92条）と書いてあります。なぜここでわざわざ「地方自治の本旨に基いて」と書いてあるのでしょうか。明治憲法には地方自治に関する規定はありませんでしたが、明治時代にも都道府県や市町村はありました。現行憲法は都道府県や市町村などの地方自治に関する制度を「地方自治の本旨」に基づいて定める、ということをわざわざ書いたのです。そこには理念つまり一つの考え方が背景にあります。

憲法がいう「地方自治の本旨」には、二つの理念が内在されていると考えられています。一つが団体自治、もう一つが住民自治という理念です。団体自治というのは、国から独立した地方公共団体、つまり市町村や都道府県という独立した地方公共団体が存在するということ、そして各団体に十分な自治権が保障されなければいけないという理念です。団体自治の団体とは、それぞれの地方公共団体のことを指しています。地方公共団体が存在し、それぞれの地方公共団体が十分な自治権、つまり自分で色んなことを決めていく権利を保障されなければならない、というのが団体自治の

理念です。

例えば、地方公共団体は独自に条例を制定することができます。実際に都道府県や市町村は独自に様々な条例を制定しています。駅前でのタバコのポイ捨てを禁止したり、このエリアにはパチンコ屋のような店舗は出してはいけませんよと決めたりなど、各地方公共団体はそれぞれ自分たちで条例、つまりルールを定めることができます。これは団体自治という理念によって保障された各地方公共団体の自治権の現れなのです。

もう一つの理念である住民自治は、それぞれの地方公共団体ではそこに住んでいる人が主体の自治が行われなければなりませんよ、という理念です。つまり各地方公共団体の主役はそこに住んでいる住民であり、住民の考えや意見が反映されるような運営が行われなければいけない、という理念のことを指しています。例えば、条例も実際に決めるのは各地方公共団体の議会です。市町村の議会や都道府県の議会で決めます。議会の議員は選挙で住民が選びますよね。つまり選挙を通じて住民の意見を地方公共団体の運営に反映するという仕組みになっています。

選挙があっても誰に投票したらよいかもわからないし、そもそも一度議員を選んだらもう住民は何も口が出せないので、本当に住民の意思を反映しているとはいえないのでは、と思う人もいるかもしれませんね。選挙で選ばれた住民の代表がいろんなことを決めていくのが基本ではありますが、住民が直接、自分の住んでいる都道府県や市町村に対して色んな請求ができる権利も法律で作られています。例えば、こういう条例を作ってくれとか、この条例は廃止してくれとかということを、住民が署名を集めて自ら請求することができます。また、地方公共団体は多くの事務を行っていますが、その事務がちゃんと執行されていないのではないか、何か不正が行われているのではないかと思った場合、住民は「監査をしてくれ」、つまりチェックをしてくれということを、各地方公共団体に請求することができます。

自分たちが選んだ議会ですけれども、ちゃんと仕事してない、あるいは住民の意思に反していると思われる時には、議会を解散してくれという請求もできます。解散してもう一度選挙をやり直して議員を選び直したいということを、住民が署名を集めて請求できるのです。このように住民が直接何かを求めることのできる権利を直接請求権といいます。住民は議員や首長を選挙で選び、その人たちにその地域の運営を任せるわけですが、直接そこに口を出していく権利も認められているということですね。これらの権利は住民自治、つまり地方公共団体の運営の主役は住民なのだという考え方から来ています。住民の意思とかけ離れた運営が行われているのなら、住民には直接それを正す権利を与えなければいけないという考え方です。

団体自治と住民自治の二つの考え方を両方合わせて地方自治の本旨、と理解されています。憲法は地方公共団体の組織や運営に関することは、この地方自治の本旨に基づいて定めなさいと書いていますが、それは団体自治と住民自治を両方実現するように法律を定めなさいということです。このことから地方公共団体は国から独立した団体として運営され、それぞれが国や他の地方公共団体と対等な存在として様々な制度が作られています。そして住民の意思を反映するために、議会制度だけではなく、様々な直接請求権も設けられているのです。これはいずれも団体自治と住民自治、つまり地方自治の本旨を踏まえたものです。

地方自治は民主主義の学校

では、なぜ憲法は地方自治という理念を有しているのでしょうか。その理由の一つは、その地域のことはその地域の人が決めた方がうまくいくからです。地域のことを全部国が決めるよりも、地域のことは地域の人たちが主体になって決めた方がうまくいくことが多いでしょう。地域の事情はそこに住む人が一番わかっていますからね。ですから、そこに住む人たちの意志を反映して、その人たちを主体とする地方公共団体が決めた方がほとんどのことはうまくいくのではないか、という考え方が一つです。

もう一つは、民主主義の訓練というか民主主義の学校を地方自治でやってもらおうという考え方です。私たちの国は民主主義の国です。構成員である私たちにとっては非常に重い義務でもあり権利でもある選挙で代表を選び、その人たちが色々議論をして、国の重大なことを最終的には多数決で決めていくのが民主主義です。これを地域社会でも同じことをやってもらおうということなのです。つまり住民は議会の議員を選び、首長を選び、首長や議員が条例を作ったり地域の課題を解決するための政策を決めたりして地域を運営していきます。国の防衛や外交といった大きな話よりも、自分の町の駅前がどうなるのか、ゴミ袋が有料になるのか、そういった話の方が身近で関心を持ちやすいです。国の選挙だと投票しても自分の１票がどのように影響するのかわかりませんから、もう投票しなくていいやと思ってしまうかもしれません。しかし、地方公共団体であれば、自分たちが選んだ議員や首長が、本当に必要な仕事をちゃんとやってくれるのか、住民が困っている身近な課題を解決してくれるのか、ということに対して興味を持ちやすいでしょう。地方公共団体の住民はもちろん国民でもありますから、住民が地域社会で政治参加することを通じて、選挙で代表を選び、選んだ人の活動に関心を持ち続けるという、民主主義に必要な能力を身に付けられるのではないかと考えられているわけです。

つまり憲法は、地域社会において民主的な手法で地域の運営がきちんとできるようになれば、その人たちは国民でもあるので、国全体の民主主義もうまくいくのではないかと考えた、といわれています。民主主義の学校、練習といったら失礼な話ですけれども、地方自治という身近なところで民主主義を団体自治・住民自治という理念に基づいて機能させる。そして、そこで暮らす人たちは当然国という大きな社会の一員でもあるので、その大きな社会も民主主義の機能をしっかりと果たすことができるのではないか、ということですね。

2　日本の地方自治制度の特徴

我が国は、地方自治という理念に基づき地域社会の運営に関する制度を作っています。その制度を地方自治制度といいます。地方自治制度とは、地域社会の運営のために必要な制度全体を指します。

地域社会に関して定められている制度のうち、もっとも身近なのは都道府県や市町村という地方公共団体の制度です。憲法で、地方公共団体の組織や運営に関する事項は、地方自治の本旨に基づいて法律で定める、と書いてあるのですべて法律で定められており、その中心となるのが「地方自治法」という法律です。この地方自治法というのは非常に大きな法律ですが、ここで都道府県や市町村などの地方公共団体の制度や、組織や財務などその運営に関するルール、地方公共団体の担う事務の内容や国との関係などが定められています。地方自治法は地方自治に関する基本法といわれ、日本の地方自治制度の中心となる法律です。

国内のどの地域にも市町村と都道府県という二層の地方公共団体が存在します。この地方公共団体はそれぞれ自治権を持っていて、その長は住民が選挙で選び、また住民が直接選挙した議員による議会を有しています。これは市町村でも都道府県でも同じです。そして議会は予算を議決してお金の使い道を決めたり、条例を制定したりします。

条例というのは、法律と同じ効果を持つものです。国会が制定するのは法律ですが、市町村や都道府県の議会が制定する、法律に類似した効果を持つものを条例といいます。国の立法権は国会にありますが、各地方公共団体の議会は法律の範囲内で立法の権限を持っているのです。そして行政の執行は、住民が直接選挙する首長が行います。首長というのは通称で、都道府県なら知事、市町村の場合には市町村長ですが、こうした知事や市町村長を総称して首長といったりします。「くびちょう」と言う人もいれば「しゅちょう」と言う人もいますが、これは通称です。この知事や市町村長が行政の執行を担います。

二元代表制

地方公共団体の仕組みが国の仕組みと大きく違うのは、国の場合は国民が選挙で選ぶのは国会議員だけだということです。立法権を有する国会と、国会から選ばれた内閣総理大臣が率いる内閣が行政権を担い、そして司法権を担う裁判所があるという三権分立です。国会と内閣との関係は議院内閣制、つまり行政権を有する内閣は、国会に対して連帯して責任を負う仕組みです。

それに対して地方公共団体の場合には、議会の議員は住民が直接選挙をし、行政のトップである市町村長や都道府県知事も住民が直接選挙をします。首長と議会の間には、連帯責任の関係はありません。お互いに住民から選ばれているという関係です。この仕組みを二元代表制といいます。

二つの元というのは主役である住民が二つの代表を選ぶ権利を持っているということです。一つは議会の議員で一つは首長を選ぶという二つの投票権を持っています。そして直接選ばれた議会と首長が立法権と行政権をそれぞれ持って、お互いに役割を果たしながら地方公共団体を運営しています。これはアメリカの大統領制と同じです。アメリカの大統領制では大統領は国民が直接選挙し、議会の議員も国民が直接選挙します。それと同じ仕組みになっているのです。

選挙に立候補することができる被選挙権は市町村長が25歳以上で都道府県知事は30歳以上です。知事の方がより広い範囲の団体の首長ですから、年齢も少し重ねて30歳以上となっています。

議会と首長との関係ですが、条例の制定は議会の議決が必要ですが、条例の下にある規則という定めについては、首長が単独で制定することができます。また議会に対して予算をこんなふうに使いたい、こういう条例を作りたいという議案を提出するのは首長の権限です。条例案は議員が自ら提案することも可能ですが、予算案は首長しか提案ができません。ただこれはあくまで案の提出ですから、実際に条例を決めるのは議会ですし、予算の議決をするのも議会です。議会で議決されないと予算は使えませんし、条例も成立しません。ただ議会で予算が決められれば、それを使って仕事をしていくのは首長の仕事です。地方公共団体の議会と首長は、議決機関と執行機関の関係にあるのです。また議会には首長の仕事を検査する検査権が与えられ、行政の仕事をチェックすることが期待されています。

国の場合には国会から内閣総理大臣が選ばれるので、内閣は国会に対して連帯して責任を負う関係です。ところが地方公共団体の場合は、首長は議会から信任を受けて長になっているわけではなく住民から直接選ばれているので、住民に対して直接責任があるのです。議会も議会で、住民から直接選挙で選ばれていますから住民のために行動をしていきます。

議会は議決機関でもあり、チェック機関でもあります。議会は予算や条例を議決する役割に加えて、住民の代表として市町村や都道府県の執行機関の仕事を監視するという役割も持っているのです。国会と内閣の場合には、国会が内閣総理大臣を選びますから、衆議院で内閣不信任決議が可決

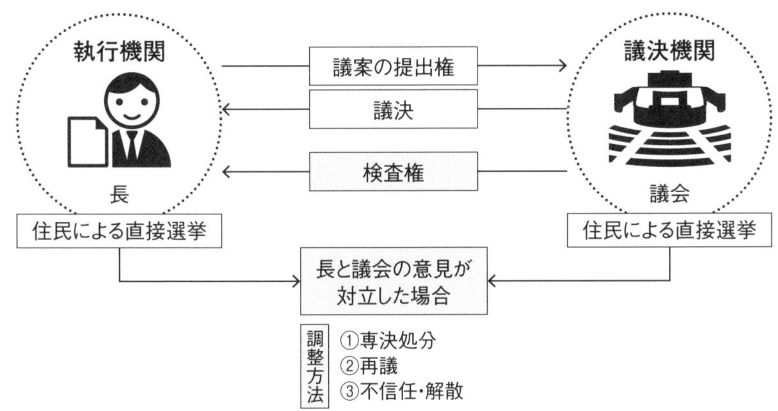

図１-５　首長と議会の関係（二元代表制）

された場合には、内閣総理大臣は衆議院を解散するか総辞職するしかありません。ところが地方公共団体は二元代表制ですから、首長と議会は連帯責任の関係にはありません。首長と議会が対立をすることもよくあります。ではその時に何ができるかというと、国会と同じように議会が不信任の議決をすることができます。そして不信任の議決がなされた時には、首長は議会を解散することができます。解散してもう一度選挙を行い住民の信を問うということです。解散をしない場合や、解散をして新しい議員によって再び不信任の議決がなされた場合には、首長は失職することになります。

一方、首長が提出した議案を議会が否決した場合、例えば、首長が公約に掲げた政策を実施するための条例案を議会が否決したといった場合には、首長はもう一度審議してもらうよう議会に申し出ることができます。これを再議といいます。再議をしてもやはり議会が３分の２以上の多数で否決した場合にはそれが確定します。

また専決処分という制度があります。本来ならば議会を開いて判断すべき案件ではあるものの時間的余裕がない場合などに、首長が単独で決めることです。しかし、安易にこれを使うと住民の代表である議会の権限を侵すことにもなります。ですから専決処分は、例えば災害が起こって議会を開く余裕がない場合などに限定して行われ、後日議会に報告し承認を求めなければならないことになっています。

このように、首長と議会が対立することを想定した調整の方法が定められています。国会と内閣との関係とはちょっと違った関係にあるのが、地方公共団体の首長と議会です。

二層制の自治制度

日本の地方公共団体は都道府県と市町村の二層制になっています。二層制というのは、どの地域にも必ず都道府県があって、都道府県の中にもっとも身近な地方公共団体である市町村が置かれているということです。そして都道府県と市町村ともに独立した地方公共団体ですので、それぞれが二元代表制、つまり首長と議会を持っています。だから住民は国の構成員でもあり、都道府県の構成員でもあり、市町村の構成員でもあります。

ということは、皆さんは何人の代表を選挙で選ぶことになるのでしょうか。国へ送り出す代表は国会議員です。国会議員も衆議院と参議院とがあります。これをそれぞれ選挙で選ばなければなりません。そして皆さんは都道府県の一員でもあり市町村の一員でもありますから、都道府県知事と市町村長と、そしてそれぞれの議会の議員を選ばなければなりません。社会の担い手は結構大変ですね。自分たちが主役ですから、そんなふうに代表を送り出すことにより、この社会を運営する仕組みになっているのです。

日本の都道府県は47あります。そして市町村が1,718と東京都の特別区が23、合わせて1,741の基礎自治体があります。特別区をなぜ分けているかというと、普通の市町村よりも仕事の範囲が少し小さいのです。東京都の中にも普通の市町村はもちろんあります。ですが、東京都の渋谷区や千代田区などの特別区は普通の市町村とは違う特殊な位置づけになっています。東京は日本の首都で人口がすごく密集しています。一定のエリアに人口が密集している巨大な都市という特殊性があるので、特別な地方自治制度が作られています。

具体的には、普通の市町村が担う仕事のうちの一部を東京都が直接行います。ということは、特別区の仕事の範囲は普通の市町村より小さいということです。しかし、普通の市町村と同じように二元代表制で、区長は選挙で選ばれ区議会も置かれています。

大阪市や神戸市などの大都市にも区はありますが、これは特別区ではありません。区長は選挙で選びません。市役所の職員が区長になります。また議会もありません。つまり東京都の特別区は二元代表制による地方公共団体（特別地方公共団体）ですが、大阪や神戸、京都などの大都市の区というのは地方公共団体ではなく、一つの行政区画、つまり一エリアの名称のような存在でしかありません。

ちなみに日本において今のような地方自治制度が実質的に始まったのは明治維新後ですが、その頃に比べて市町村の数はだいぶ減っています。これは市町村どうしが合併を繰り返して段々大きくなってきたからです。どれくらい減ったかというと、明治維新後には何と70,000を超える町村がありました。それを明治の大合併、昭和の大合併、直近だと平成の大合併という合併の推進が行われて、現在の数に落ち着いています。

一方で明治時代にその姿が整えられて以降、都道府県はエリアも数もほとんど変わっていません。唯一沖縄県は日本ではなかった時期がありましたが、あとは明治時代に作られた都道府県のエリアが基本的に当時のまま、現在に至っています。

2　地方公共団体の仕組み

1　普通地方公共団体と特別地方公共団体

日本国内で市町村に属さない地域はありません。そして市町村が置かれているところには、必ず都道府県が存在し、都道府県に属さない市町村はありません。つまり私たちはどこかの市町村の住民であり、都道府県の住民でもあります。地域社会の単位は二つあって、市町村単位の地域と、さらに広い都道府県単位の地域という二層構成になっているのです。

地方自治法は地方公共団体について、普通地方公共団体と特別地方公共団体という二つの種類を定めています。普通地方公共団体とは、市町村と都道府県のことをいいます。特別地方公共団体とは、東京都にある23の

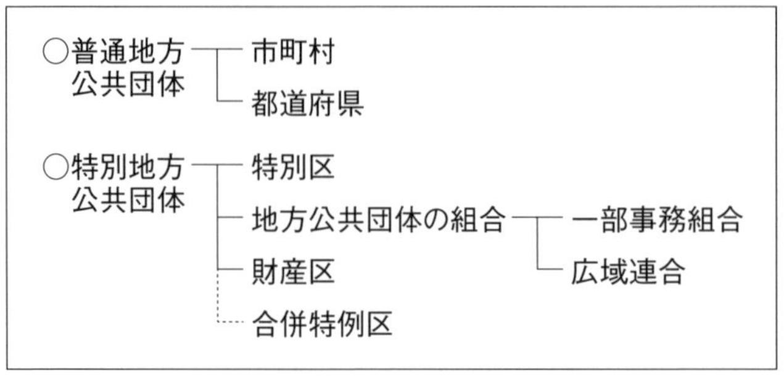

図1-6　地方公共団体の種類

特別区、地方公共団体どうしで作っている組合などがあります。例えば、消防は市町村の仕事ですが、一つの市町村が単独で消防を行うのではなく、複数の市町村が共同で消防の仕事を行うことができます。その時には市町村どうしで一部事務組合という組合を作ることになります。この組合にそれぞれの市町村がお金を出し合って、その市町村のエリアを管轄する消防署や救急車を一緒に運営することができるようになっているのです。ゴミの処理などでもこの手法が使われることがよくあります。この一部事務組合も特別地方公共団体です。さらに都道府県や市町村も加わった大きな組合として広域連合というものがあります。広域的な事務を共同してやっていく時に設立されるものですが、この広域連合も特別地方公共団体です。財産区とは、一部の地域の住民が山林やため池、原野などの特定の財産を管理するために設立される法人ですが、これも特別地方公共団体とされています。さらに合併特例区というものがあります。これは市町村合併が行われる際に、合併後の一定期間は旧市町村の区域を単位として事務処理を行うために設立されるものです。合併して一気に一緒になるのではなく、少しずつ慣れていきましょう、と経過的に置かれるものですね。これも特別地方公共団体とされています。

2　地方公共団体の担う事務

市町村と都道府県の役割ですが、基本的に地域における事務を処理するのは市町村です。市町村は都道府県が処理する事務を除き、基礎的な団体として地域における事務を全部処理することになっています。では都道府県は何をするのかというと、市町村ごとにやるよりは広域にわたって広い視野で行った方がよい事務、そして市町村間の連絡調整です。市町村の間に入って意見をまとめたり、個々の市町村が国と調整するよりも都道府県でまとめて調整した方がやりやすいものについては、都道府県が間に入って、国と調整するのです。また、市町村では処理することが困難な事務を処理するのも都道府県の役割です。

市町村と都道府県の役割分担については、地域における事務の処理は、基本市町村がすべて担うという市町村優先の原則があります。ですから都道府県の事務ではないものは、自動的に市町村の事務になっているのです。市町村や都道府県が具体的にどんな仕事しているのかは、イメージがしづらいでしょう。ただ実際にやっている仕事の内容は、同じ地方公共団体でも大きく異なるものです。

地域における事務は基本すべて市町村が担うことになっていますので、消防や住民登録、ゴミの処理、介護や福祉、幼稚園・保育園・小中学校の設置、身近な道路の整備などはすべて、市町村が行っています。

都道府県は、広域にわたる事務、市町村間の連絡調整、国との連絡調整、そして市町村では処理できない事務を担うことになっています。例えば道路ですが、一般的な道路については市町村が整備しても問題はありませんが、市町村の区域を超えて他都市まで続いている道路などは、市町村ごとに整備するのは難しいですね。神戸市は住民も多いし車の量も多いから神戸市内のエリアは８車線になっている。ところが隣の芦屋市に来たらそんなに人口が多くないので４車線でいい、となったとしましょう。一つの道路が８車線になったり４車線になったりしては車の渋滞が起こってしまいます。そういう広域の道路は、各市町村が整備するよりも都道府県が整備した方が効率的です。

さらにもっと広域的なもの、例えば高速道路のような道路は、国が国土全体の観点からどこからどこまで通すのかを決めて、インターチェンジを作るのか作らないのかも決めます。市町村や都道府県からすれば自分のところには必ずインターチェンジを作って欲しいところですが、それでは高速道路の意味がありませんので、全体として効率的かどうかを考えて整備します。道路一つを見ても、国と都道府県、市町村で役割を分担して整備しているのです。整備だけでなく管理も分担して行っています。市町村が整備した道路は市町村が管理をしていますし、都道府県が整備した道路は都道府県が管理します。国が整備した道路は基本的に国が管理していますが、都道府県が管理を担当している場合もあります。

道路の真ん中にトラックの荷台から落ちた品が散乱していたら危ないですよね。どこかに電話をして撤去しに来てもらわなければなりません。この時、道路によって電話するところが違うのです。市町村道などの身近な道路であれば市町村役場に電話すればよいですが、国道などの大きな道路で落ちていた時には、市町村に電話しても「それはうちではありません」と言われてしまいます。整備と管理が都道府県と市町村、そして国で分かれているのです。

公立の小中学校や公立の幼稚園・保育園は市町村が設置し運営しています。ところが公立の小中学校の先生は都道府県の職員です。学校名は○○市立△△小学校とか、○○市立××中学校などとなっていますが、そこで働いている先生はみんな都道府県の職員なのです。これはなぜかというと、小中学校も大きな市町村と小さな市町村では数が全然違います。例えば、小学校がたくさんある市町村と、一つしかない市町村があるとします。そこで先生を市町村ごとに雇うと、小さな市町村では先生がずっとその学校に勤め続けるしかなく、異動してキャリアを重ねることができなくなってしまいます。要は人事異動ができなくなってしまうのです。今の時代だと小さな市町村には先生が集まらないかもしれません。そういうこともあって、先生の雇用は都道府県が行うことになっているのです。

公立の高等学校の設置は基本的に都道府県が行います。ただ市町村が設置してはいけないかというとそうではなく、高等学校を設置している市もあります。そして大学教育は私立大学を除き、基本的に国が担うことになっています。国立大学ですね。ただこれも地方公共団体が設立できないわけではなく、都道府県、あるいは市が大学を設立しているケースもあります。例えば、兵庫県には県立大学がありますし、神戸市も大学を設立しています。大枠で役割分担をしつつも、都道府県や市町村が行ってもよい

		公共投資	教育	福祉	その他
国		高速自動車道 国道（指定区間）	大学（国立大学法人）	年金	防衛 外交 通貨
地方	都道府県	国道（その他） 都道府県道	高等学校 小・中学校教職員の管理	保健所	警察
	市町村	都市計画等 市町村道	小・中学校 幼稚園・保育園	ゴミ処理 介護福祉	消防 住民登録

図1-7　国・都道府県・市町村の事務分類

分野があるのです。

消防は市町村の事務です。消防は救急も行っていますから、救急車には必ず○○市消防と書いてあります。ところが警察は都道府県の事務なのでパトカーには必ず○○県警察と書いてあるはずです。警察が都道府県の事務で、消防が市町村の事務になっているのは歴史的な経緯があります。警察は一時、市町村の事務であった時期がありますが、より強力に治安を守るには、市町村ごとよりも都道府県レベルでしっかりした体制を作った方がよいということで、都道府県の事務になりました。一方、消防については、基本的には市町村の事務ですが、小さな市町村ではエリアが小さくて消防署が一つしかないとか、財政上の問題から消防車が1台しか買えない、といった問題が出てきます。ですから市町村どうしが一部事務組合を作り、複数の市町村が一緒になって消防を運営しているところもあります。もし皆さんが住んでいる市町村の救急車に、○○市消防ではなく、△△消防事務組合といった名前が書いてあったら、それは市町村の単独ではなく、複数の市町村で一緒に消防をやっているということです。

保健所は基本、都道府県の事務です。これも歴史的な経緯があり都道府県の事務となっています。保健所で行っている仕事は、衛生の問題や人の健康に関する問題など非常に専門的です。ですから保健所の所長は原則医師でなければいけないことになっています。そして保健所の職員はもちろん都道府県の職員ですが、栄養士の資格を持っている人や、保健師の資格を持っている人、あるいは医師など専門的な人材が集まっています。そうした専門的な人材を集めることは小さな市町村では厳しいです。ですから都道府県の事務にされているのです。

そして、私たちの生活から出るゴミの処理もやはり身近な事務ということで市町村が行っています。ただゴミ処理についても消防と同様に複数の市町村で処理を行った方が効率的にできる場合もあり、市町村どうしが一部事務組合を作って、ゴミの収集や焼却等の処理をしているケースも多くなっています。

一方で地方公共団体は関与せず、国のみが行う事務もあります。防衛や外交、年金といった分野です。自衛隊は国の組織で自衛隊員は全員国家公務員です。そして外交も、それぞれの地域が独自に行うと国として他国との統一した対応ができないので国のみが行います。通貨を発行するのも国です。江戸時代などは各藩が藩札というお金を発行できましたが、今は国だけが通貨を発行し管理する権限を持っています。また年金は書類を提出する窓口事務を市町村で行っていますが、基本的には国が仕組みを作り運営しています。

補足ですが、市町村には市と町と村があります。基本は比較的人口の少ないところに町とか村という名前がついていますが、権限はほとんど変わりません。つまり市でも町でも村でも基本的に行っている事務の内容は同じです。違う点として、市では生活保護の事務を行っていますが、町村になると基本的には生活保護の事務はありません。生活保護の事務は本来国が行わなければいけない事務ですが、法律で市が行うことになっています。町村の場合には規模が小さいことから一部を除き都道府県が行うことになっています。それ以外は規模の違いはあるものの、担当する事務の種類はほぼ同じです。だから市にはたくさん仕事があって、村だから少ししか仕事をしていないわけではありません。もちろん住民が多ければ多いほど仕事の量は多くなるので、大きな市町村ほど必要な職員数は多くなりますが、担っている事務の内容はほぼ同じなのです。

3 地方公共団体の組織

普通地方公共団体である都道府県と市町村にはそれぞれ議決機関と執行機関が置かれています。議決機関とは、様々な議決を行い地方公共団体の意思を決定する機関であり、都道府県議会と市町村議会がこれに当たります。執行機関は、地方公共団体の事務を自らの判断と責任で管理執行する機関であり、首長（都道府県知事、市町村長）や教育委員会などの行政委員会がこれに当たります。議決機関と執行機関にはそれぞれ、その事務を補助するための補助機関が置かれ、多くの職員が組織を構成して日々の業務を行っています。

この議決機関と執行機関、具体的には都道府県議会や市町村議会と首長をトップとする行政組織とが、地方公共団体を構成する車の両輪になっています。市町村の行政組織を見ると、選挙で選ばれた市町村長の下、それを支える副市町村長がいます。人数は市町村によって異なりますが、議会の同意を得て選任されます。つまり「この人を副市町村長にしたい」と市町村長が議会に諮り、議会が同意して選任されます。選挙まではいかないけれど、やはり住民から選ばれた議会が「この人でいいよ」と言って初めて選任されるのが副市町村長です。

行政組織で働く職員は基本、地方公務員です。広い意味では市町村長も副市町村長も、市町村議会の議員も、みんな地方公務員です。地方公務員試験を受けて採用され、地方公務員法という法律の適用を受ける地方公務員のことを一般職といい、地方公務員ではあるけれど地方公務員法の適用を受けない市町村長や副市町村長、議員のことを特別職と区別しています。行政組織で働く職員のほとんどは一般職の地方公務員です。

議決機関である議会は、選挙で選ばれた議員で構成されています。そしてその定数は各市町村が条例で定めています。条例は議会で議決しますから、自分たちで何人にするかを決めるということです。市町村議会には補助機関として事務局があり、そこにも職員がいます。

都道府県の行政組織も名称の違いはあるものの概ね同じような構成になっています。また東京都の特別区は基本的に市町村と同じ仕組みになっています。

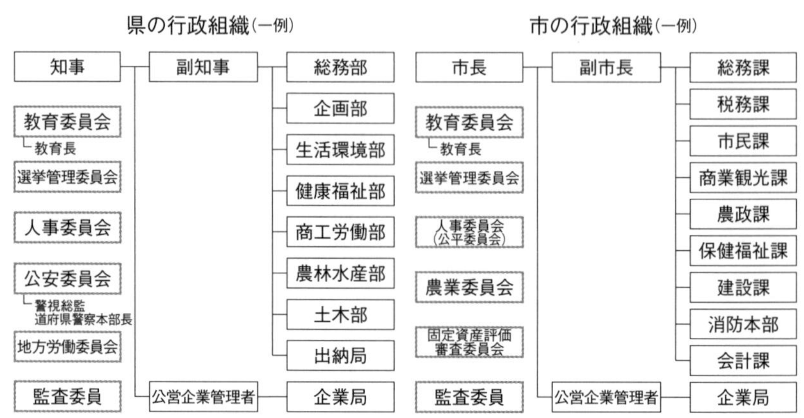

図1-8　地方公共団体の行政組織

都道府県や市町村の行政組織は、仕事の内容とその量に対応して作られています。都道府県や市町村の仕事の内容は地域によって大きく異なることはありませんから、どの都道府県、どの市町村でも同じような部局があることが多いのですが、組織も各地方公共団体が条例や規則を作って決めているので、名称の違う組織があることはよくあります。シティセールス課や観光プロモーション課のようにカタカナ名称の組織があるところもあります。都道府県や市町村の組織図はホームページで公開されていますから、自分の住んでいる地域の役所の組織がどうなっているのか覗いてみると面白いですね。

一方、地方公共団体において教育や警察という分野は特殊で、首長が直接教育部局や警察を監督するのではなく、行政委員会という制度が採用されています。行政委員会制度とは、例えば、教育には教育委員会、警察には公安委員会という複数の委員によって構成される委員会を設置して、それぞれの行政組織を監督する仕組みです。教育委員会は都道府県と市町村に、公安委員会は都道府県に設置されています。

どうして行政委員会という制度が採られているのでしょうか。地方公共団体の仕事の中でも警察や教育は非常に大きな影響を持っています。例えば、警察には人権を制限するような強制権が与えられています。これを政治家である首長が直接指揮することになると、政治的な対立に警察権力を使うという危険性が排除しきれない可能性があります。教育にも同様の面があります。学校教育に政治的な思想を持ち込んだり、それを強制するということが考えられます。政治からは一定の距離を置かなければいけない分野や、執行機関から一定の独立性を保つ必要のある分野で、行政委員会制度が採用されているのです。

都道府県に置かれる行政委員会には、教育委員会や公安委員会、選挙の管理を行う選挙管理委員会、職員の採用や給与勧告を行う人事委員会などがあります。また地方労働委員会は労働争議の調整や不当労働行為事件の審査を行う委員会です。監査委員は行政の仕事が正しく行われているかの監査を任務としています。

市町村にも教育委員会や選挙管理委員会があります。人事委員会は小さな市町村の場合にはないところもありますが、大きな市町村には置かれています。農業委員会は農地の売買を認めるかどうかなどを判断する仕事をする委員会です。固定資産評価審査委員会は固定資産税の課税の対象となる土地や家屋の価格に関する審査を行う委員会、そして監査委員も同じようにあります。警察は都道府県にしかありませんので公安委員会は市町村にはありません。

4　大都市制度

政令指定都市

普通地方公共団体である市町村には、大都市についての特別な制度があります。その一つが政令指定都市という制度です。政令指定都市とは、人口50万人以上で政令で指定された市です。法律上の要件は人口50万人以上となっていますが、実際には人口70万人を超える市が指定されています。政令指定都市は市町村ですが、都道府県の仕事の多くを自ら実施できるようになります。つまりスーパー市町村ですね。

なぜこういう制度があるのかというと、全国の市町村は人口の大小にかかわらずほとんど同じ内容の仕事をしています。人口５万人の市でも人口

100万人の市でも基本は同じ仕事内容なのです。ただ人口規模が異なると組織の規模や職員数も違います。職員の数が多いということはそれだけ専門能力を持った人を集めることができるということです。そうした組織や職員数の規模によって、市町村が対応し得る仕事の範囲もやはり異なります。また大都市は人口が集積し大きな面積を有するところが多いことからも、都道府県が行っている仕事も一体的に行った方が合理的な場合があります。

例えば保健所ですが、保健所には医師や保健師、栄養士などの専門的知識を有する人材を揃えなければなりません。そのような人材を集めるのは市町村では困難だということで都道府県の事務となっています。ですが政令指定都市のように職員数や組織規模が大きく人材を確保し体制を整えることができる市町村であれば自ら実施しても問題ありません。このように本来の役割分担では都道府県が担う事務の多くを、政令指定都市は自ら行うことができるようになっています。政令指定都市は全国で20市が指定されています。制度ができた1956年から存在する政令指定都市は、大阪市、名古屋市、京都市、横浜市、神戸市で、これらの市を五大都市ということがあります。その後、北九州市や札幌市、福岡市などが入ってきました。近年では2012年に熊本市が人口70万人を超えて政令指定都市となっています。

政令指定都市では、多くの事務を都道府県の関与なく自ら実施します。もちろん保健所も設置します。普通の市町村であれば国と何らかのやり取りをする場合は都道府県を通じてすることが多いですが、政令指定都市の場合は、都道府県を経由せず国と直接やり取りします。政令指定都市になると、実質的に都道府県と市町村の仕事の両方を担っているというイメージになります。

中核市

政令指定都市の他にも中核市という制度があります。人口が20万人以上でやはり政令で指定された市が中核市になることができます。中核市になると、政令指定都市ほどではないものの都道府県の事務の一部を市が行

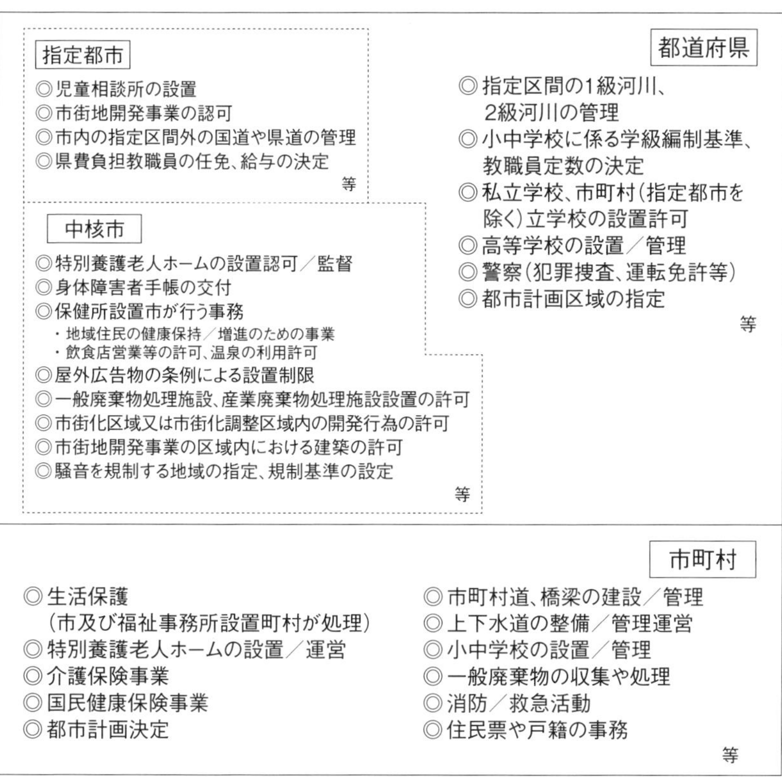

図1-9　地方公共団体が担う主な事務

出所：総務省 HP　https://www.soumu.go.jp/main_content/000451013.pdf をもとに作成。

うことができるようになります。具体的には、例えば保健所の設置ができるようになります。

20万人以上の市なら通常は職員数も何千人という規模になりますから、保健所を設置しても医師や保健師などを確保することができるということです。中核市は、普通の市と政令指定都市の中間です。中核市になりたいという申請を受けて国が政令で指定します。人口20万人以上だと全て中核市になっているわけではなく、例えば市によっては保健所を設置するだけの人的な資源や対応能力に不安を抱えるところもありますので、その場合には中核市にならないという選択肢もあります。

東京都特別区

日本の首都である東京都には23の特別区があります。東京都の特別区は普通地方公共団体である都道府県や市町村とは異なり、特別地方公共団体に分類されます。東京都には普通の市町村もありますが、特別区のエリアには市町村がなく、地方自治法において、市が処理することとされているの事務は特別区が処理することとされています。政令指定都市である大阪市や神戸市にも区がありますがそれとは全く異なります。この特別区はまさに特別な地方公共団体です。区という名前ですがほとんど市町村と同じ仕組みで、同様の仕事をしています。市町村の行う仕事のほとんどが特別区の仕事になっています。また区長は選挙で選ばれ、各区には議会があり議員はやはり選挙で選ばれます。つまり市町村と同じ二元代表制です。ただ少し違うところとして、一般の市が処理する事務の一部を東京都が実施しています。例えばゴミ処理や上下水道の設置管理、消防などは都が実施しています。

元々は東京23区のエリアは東京市という一つの市でした。首都である東京は限られた面積に多くの人口が密集していますから、例えばゴミ処理や消防は区でやるよりは、都が行った方が効率的です。一方で福祉や教育などは、やはり基礎的な自治体がきめ細やかに行った方が望ましいのです。歴史的な経緯を経て東京市が東京都になり、そしてそこに23区が置かれ、市町村とほぼ同じの基礎的な自治体と位置づけられています。

3　国と地方公共団体の役割

1　国と地方公共団体の役割分担

国と地方公共団体の役割分担を見ていきます。ここでいう国とは、内閣に属する各省庁を指します。国は三権分立で、国会と内閣、裁判所があります。そのうち国民に対して様々な公共サービスを実施する役割を担うのは行政権を有する内閣であり、内閣に属する各省庁です。各省庁はそれぞれ所管する分野があり、その分野に関する事務を実施しています。地方公共団体である市町村や都道府県が担う役割と、国の各省庁が担う役割はどのような関係にあるのでしょうか。

国の各省庁が担う役割は、「国が本来果たすべき役割」です。「国でなければできない役割」といってもいいでしょう。国しか担えない、または市町村や都道府県では担うには無理があるという役割を、国が担うことになっています。大きく三つありますが、その一つが国際社会における国家としての存立に関わる事務です。国家とはもちろん日本という一つの国です。世界には多くの国があり、日本としてお付き合いをしたり、他国から自国を守るということをしていかなければなりません。こういう国家としての事務は当然国でなければできません。例えば外交ですね。どこの国と仲良くして、どこかの国と交渉をするというのは、国が国家としてやっていかないと、各地方公共団体がバラバラにあたるのでは、外交になりません。そして国を守るという行為です。これも国としてやらなければならないことで、そのために保持されているのが自衛隊です。ですから、自衛隊は防衛省の一部であり、その隊員はすべて国家公務員です。

二つめは、全国的に統一的に定めることが望ましい事務です。各地でバラバラにやるのではなく、全国的に統一した方がいい事務はたくさんあります。例えば免許です。お医者さんの資格を得るために試験をして免許を与えることは国が実施しています。例えば、もしこれを都道府県が実施するとなると、都道府県によってお医者さんのレベルが変わってしまいます。あまり勉強しなくてもお医者さんになれたり、あるところでは非常に難しかったりして能力にバラツキが出るなどといったことが起こってしまいますね。その他の国家資格の試験も同様に国が統一的に実施しています。統一的に実施することによって、国のどの地域でもその資格が通用するのです。また様々な法制度の制定も国が統一的に行うべきものです。すでに学んだ地方自治制度もその一つです。普通地方公共団体と特別地方公共団体があって、普通地方公共団体には都道府県と市町村がある。これも一つの大きな制度です。これをどこで決めているかというと、地方自治法という法律で決まっています。これは日本における地方自治の制度そのものですから国が決めないといけません。国が全国的に統一して定めなければならないものは他にも多くあります。本書で扱う税や社会保障制度もまたその中の一つです。

三つめが、全国的な規模や視点で行われなければならない事務です。例えば道路だと、各市町村が自分の地域の道路を整備するのが基本ですが、都市と都市とをつなぎ国土を横断するような高速道路を作るのはやはり国でなければできません。ですから大規模な道路整備は国の事務になります。また河川にはその規模によって一級二級という区別がありますが、一級河川は都道府県をまたいで続いています。例えば淀川は、琵琶湖から滋賀県、京都府、そして大阪府に流れていますが、その管理を都道府県で行うのは、エリアが広すぎるので無理です。ですから、こうした大規模河川は国が管理します。新幹線を作るかどうかを考えるのも国です。国土の拠点となる空港を作るかどうかもやはり国です。こういう全国的な規模や視点で行う必要がある事務は国がやることになっています。

一方、地方公共団体が果たす役割はどのように考えるかというと、これは非常にアバウトです。国は国でしかできない役割を担当しますが、逆に地方公共団体は地域における行政を総合的に担うという考え方です。特に市町村は地域における事務を基本的にはすべて担当します。全国的な視点でやらなければならないことは国が、そして地域の課題の解決や様々な地域の行政サービスは地方公共団体が担います。住民に身近な行政はできる限り地方公共団体に委ねるという考え方がその背景にあります。

 2　都道府県と市町村の役割分担

地方公共団体には普通地方公共団体として市町村と都道府県があります。全国どの地域も必ず市町村が存在し、それを包含する形で都道府県が存在する二層制になっています。この市町村と都道府県の関係ですが、国と地方公共団体の役割分担や考え方と同じように、市町村よりも広域の団体である都道府県は、その地域で都道府県でしかできないことを担います。市町村は逆に、都道府県が行うものを除き、それ以外の地域における行政を広く担うという考え方になっています。

では都道府県でしかできないこととは何でしょうか。一つは市町村の区域を超えるような広域にわたる事務です。例えば、道路の例でいくと、市

表１-３　市町村・都道府県・国の役割分担と事務配分

市町村	◎基礎的な地方公共団体として、地方公共団体の事務のうち、都道府県の事務とされているもの以外を広く処理する（市町村優先の原則） ◎規模や能力の高い市町村（政令指定都市、中核市）は都道府県の事務の一部を処理する
都道府県	◎広域の地方公共団体として、地方公共団体の事務のうち、次の事務を処理する ・広域事務　　　＝広域にわたる事務 ・補完事務　　　＝その規模や性質から一般の市町村が処理できない事務 ・連絡調整事務＝市町村の連絡調整に関する事務
国	◎国が本来果たすべき役割を重点的に担う ・国際社会における国家としての存立にかかわる事務 ・全国的に統一して定めることが望ましい事務 ・全国的な規模や視点で行われなければならない事務 ・その他の国が本来果たすべき役割

町村をまたいで県内で完結する道路は市町村ごとに整備するとうまくいきませんが、都道府県がやればうまくいきます。

二つめは規模や性質から市町村が処理できない事務を担います。例えば保健所を持つと、そこに医師や保健師を置かなければいけませんから、小さな市町村がそれをやるのは難しいです。そうした事務については都道府県が担うことになっています。市町村のできない事務を都道府県がカバーすることから「補完事務」ともいいます。

三つめは市町村の連絡調整に関する事務です。多くの市町村があるので、その意見を取りまとめたり、各市町村がそれぞれで直接国とやり取りをするのは大変です。ですから市町村が仕事をしていくうえで問題が生じたり、市町村としての意見が出てきたりすると、いったんそれを取りまとめ、応援できることは応援し、市町村に代わって国との調整を行う役割を都道府県が担っています。

これら都道府県が担う役割以外の仕事はすべて市町村が担うのが基本で、これを市町村優先の原則といいます。住民により近い市町村の方が、地域の実情に対応した住民本位のサービスを提供しやすいということが背景にあります。

国と地方公共団体との関係は？

地方公共団体に関する制度は、地域ごとではなく全国一律に決めなければならない制度です。地方公共団体に関係する法律はたくさんありますが、中心となるのが地方自治法です。地方自治法は地方公共団体に関する制度の根幹となる法律ですが、地方自治法には、国は「地方公共団体の自主性及び自立性が十分に発揮されるようにしなければならない」と書いてあります。できる限り地方公共団体の自主性・自立性を尊重すべきことを国に念押しをしているのです。憲法にも地方自治の本旨に基づいて法律で定める、とあるのですからそれを踏まえたものですね。

実際に地方公共団体が行う事務は、法律で定められている事務とそうではない事務が混在しています。例えば、生活保護などは憲法に定められた国民の生存権を保障するために実施されているものですから全国統一的に実施する必要があります。国は生活保護法という法律を定め、それに従って地方公共団体が実際の事務を行っています。公的医療保険の一つである国民健康保険もそうです。一方で地方公共団体は法律に定めがなくても、地域の住民のため多くの仕事をしています。観光振興や子育てのための独自の支援、移住者を増やすための取り組みなど、これらは地方公共団体が独自に行っている事務です。

それでは国は、市町村や都道府県の仕事に対して口を出すことができるのでしょうか。地域のことは地方公共団体が行うと決まっていますが、地方公共団体のやっていることに対して国は口が出せないわけではありません。より大きな視点から地方公共団体の仕事に助言をしたり、指導をすることはあります。これを「地方公共団体に対する国の関与」といいます。しかし、地方公共団体でやっていることに何でもかんでも国が関与すると、自主性・自立性を損ねてしまうことにもなりかねません。要らないお世話ということです。ですから国の関与、つまり国が地方公共団体の仕事にどこまで口を出せるのか、またその口の出し方については法律で定めることになっています。また国は関与する場合でも、必要最小限度のものにするとともに、地方公共団体の自主性・自立性に配慮しなければならないこととされています。

地方公共団体に対する国の関与は、「助言･勧告」「資料提出の要求」「是正の要求」「許可・認可・承認」「指示」といった類型に分かれています。例えば、助言はこうしたらどうですかと教えてあげること、勧告はもう少し強くて、こうすべきじゃないですかといった強い意志の提示です。また資料提出の要求は、地方公共団体でしか持っていないデータや資料を国にもくださいというもの、是正の要求は地方公共団体の仕事に対して、ここを直した方がいいのではないかと求めること。そして、許可や認可、承認となると国が了承しないと地方公共団体の仕事が進められないという強い関与になります。指示というのはこうしてくださいという指令ですね。国の関与にはこうしたいくつかの類型がありますが、地方公共団体のすべての事務に対してこれらの関与ができるわけではありません。法律でちゃんと、この事務についてはこういう関与ができるということを定めていて、それ以外の関与はできないことになっています。

地方公共団体と国は上下の関係ではなく対等であり、役割を分担しているにすぎません。ですから、国は地方公共団体に対して何でもかんでもこうしろ、とはいえません。地方公共団体は自立した存在であることが基本で、その事務の性質や内容に応じて国がどこまで関与できるかが厳格に決まっているのです。

第2章

税の基礎知識

第1節　総論

1　税とは何か

税とは何なのでしょうか。私たちは生まれた瞬間から国や都道府県、市町村が提供するサービスのお世話になっています。例えば、安全を守る警察や消防、さらには毎日使っている道路や水道、そしてゴミ処理、保育所や公園、信号機などもそうですね。このようなサービスは個人ではできません。個人ではできないが暮らしていくために必要なサービスを、個人に代わって国や都道府県、市町村などが実施してくれています。このようなサービスを「公共サービス」といいます。個人ではできないサービスを国や都道府県、市町村が公共サービスとして提供し、それを使ってみんなが生活をしています。

ただ、当然これには費用がかかります。では、そのお金を誰が出しているのかというと、社会の構成員でありそれを利用している私たちでしかあり得ません。公共サービスに必要なお金をみんなで負担するのが税です。社会を支えていくための会費を税としてみんなで負担し、それを使って国や都道府県、市町村が個人に代わって様々な仕事をし、それをみんなで利用する、これが社会における公共サービスの仕組みです。

実際には誰も公共サービスを使わずに生きていくことはできません。水を飲まなければなりませんし、道を歩かず通勤することもできないでしょう。何よりも安全を守る警察や消防がなければ怖くて生きていけません。こうした公共サービスを維持するための税をみんなが支払っているからこそ、サービスが維持され毎日安全に暮らしているのです。

私たちは税を納める時に、「これは警察に使ってくださいね」とか、「道路に使ってください」などと使い道を指定することはできません。社会の構成員である個人に加え、会社などの法人も税を納めます。そしてそれはいったん国や都道府県・市町村の収入になります。その使い道を誰が決めるかというと、私たちが選挙で選ぶ代表者たちです。国であれば国会議員、都道府県であれば都道府県知事や都道府県議会議員、市町村であれば、市町村長や市町村議会議員が使い道を決めていきます。

税を使ってどのような仕事をするのかは、予算案として検討され、国会や地方公共団体の議会で審議され了承されて初めて仕事を行うことが可能になり、国や地方公共団体は様々な公共サービスを提供することができるようになります。私たちは税を負担しなければなりませんが、その使途を自分で決めることはできません。その代わり、自分たちが選挙で選んだ代表たちがその使途を決めて、公共サービスのために支出する仕組みになっているのです。ですから、税を納めているのに選挙に行かないというのはもったいないですね。

もし税が世の中からなくなったらラッキーかというと、そうではありません。もし税がなかったとしたら、公共サービスがなくなるか、あるいは全部有料になるでしょう。公共サービスがなくなると安全に暮らせないので、もしかしたらなくならないものもあるかもしれません。でも今は当たり前のように使っている、ゴミの収集や救急車、交番などは、有料になるでしょう。また医療費は保険診療の場合、病院の窓口で支払う金額は３割が基本で残りの７割は公的医療保険が負担しています。それがなくなるのですから窓口での支払いは今の３倍以上に増えます。

こんなふうにもし税金がなければ現在当たり前に使っている公共サービスを、それを使った人がすべて負担する仕組みにしなければならなくなります。お金を持っている人はいいのかもしれませんが、お金を持っていない人はサービスを使えなくなるでしょう。そうなると社会全体として、みんなが幸せに暮らすという公共経営の目的を達成できるでしょうか。お金を持っている人は幸せだけれども、お金を持ってない人は幸せではないとなると、社会全体、つまり公共経営としてはうまくいっているとはいえません。だから税を負担して、必要な公共サービスをみんなで支えていく仕組みになっているのです。

2　身近な税

ケース1　スーパーで110円のノートを購入

もうすでに皆さんは身近に税と関わり合いを持ちながら生活しています。一番身近なのは消費税かもしれません。買い物をしたら消費税がかかっているのはご存知だと思います。例えば100円のノートを買ったら110円支払わなければなりません。ただ、自分が支払っている消費税がどのように国に納められているのか、この10円がどこにどう動いていくのかはあまり気にしないかもしれません。皆さんがスーパーで100円のノート買ったとしたら、スーパーに110円支払います。消費税の10円分はスーパーが預かるのです。スーパーはお客さんが支払った消費税を全部預かって、そしてまとめて税務署に納めます。

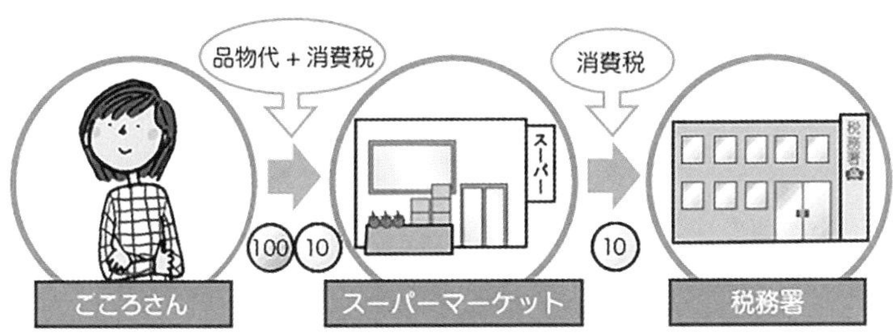

図2-1　消費税の流れ

出所：国税庁HP　https://www.nta.go.jp/taxes/kids/nyumon/page02.htm

税を納める先には、国、都道府県、市町村という三つがあります。公共サービスの提供主体はこの三つですから、そこが納め先になっています。国の税は国に納め、都道府県の税は都道府県に、市町村の税は市町村に納めるのが原則です。では消費税はどうかというと、国に納める税です。そして国に納める税を集めるところが国の行政機関の一つである税務署です。国の財政を担当する財務省という省庁があり、その中にさらに国税庁という役所があります。国税庁は全国津々浦々に税務署を持っています。つまり税務署は国税庁の出先機関なのです。

国に納める税は基本この税務署に納付します。消費税は国に納める税ですから、スーパーはお客さんが支払った消費税を税務署に納めます。つまり皆さんがスーパーで支払った110円のうち10円分はスーパーが税務署に納めています。

ケース２　会社員がお給料をもらう

では、次にお給料について考えてみましょう。会社に就職すると毎月お給料をもらうことになります。会社からもらうお給料ですが、実際に受け取る金額は会社が支払う金額よりも少ない額です。なぜならば税金が引かれるからです。ここで引かれる税金が所得税と住民税です。よく「給料は手取り○○万円」などと言いますが、会社が支払うお給料から、税金を引いた後に実際に自分の手元に入る金額のことを手取りの給料といいます。実際は税金だけではなく、公的医療保険、公的年金などの社会保険料も一緒にお給料から引かれます。ですから、会社が「初任給○○万円ですよ」と言った金額よりも、実際に手元に来る金額は少ないなあと感じるでしょ

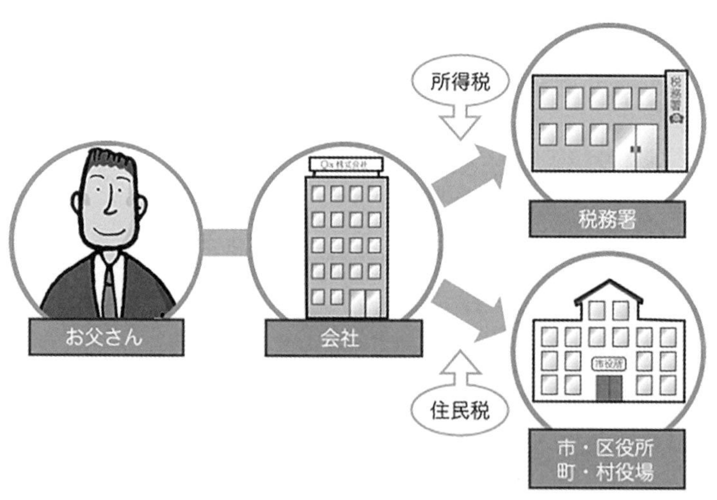

図2-2　所得税・住民税の流れ

出所：国税庁 HP　https://www.nta.go.jp/taxes/kids/nyumon/page02.htm

う。それは所得税や住民税などが引かれているからなのです。会社はお給料から引いた税金をそれぞれの納め先に代わりに納めてくれます。

会社は社員のお給料から税金などを差し引いて預かりますが、これを天引きという言い方をする人もいます。会社は給料から天引きして預かった税金を社員の代わりに納付してくれます。所得税は国の税（国税）ですから税務署に納めます。住民税は、都道府県民税と市町村民税という二つの税を合わせたものを指しています。これらはともに地方公共団体に納める税（地方税）ですが、都道府県の分も含めて市町村に納め、市町村から都道府県民税分だけが都道府県に行く仕組みになっています。ですから会社は、社員の住民税をそれぞれが住む市町村に納めます。

ケース3　パン屋さんを経営

では、自営業の場合にはどうなるのでしょうか。例えば、自分でパン屋さんを開き、パンを売って生活をすることになった場合、税を支払わなくていいのかというと、もちろん支払わなければなりません。会社ではなく個人で開くパン屋さんのような小さい事業を個人事業、個人事業を行う人を個人事業主といいます。個人事業主は自分が納めなくてはならない税の金額を自分で計算して申告をしなければなりません。「1年間に私はいくら稼ぎました」ということを自分で計算し、「税金はいくらになります」ということを、自分で税務署や市町村に申告します。これを確定申告といいます。パン屋さんのような個人事業主だけではなく、会社から給料をもらっていても勤務先で年末調整という手続きをしていない人や、複数の会社からお給料をもらっている人、副業をしている人なども確定申告が必要になります。

でもパン屋さんの場合、パンを売った売上の金額がそのまま収入になるわけではありません。パン屋を経営するためには様々な費用、材料費もあるでしょうし、店の家賃や光熱水費などの経費がかかってきます。売上金額からそれらの経費を差し引いて、本当の儲け、つまり実際に自分の収入になる金額がいくらになるのかを計算をします。これを所得といいます。そして所得の金額に応じて税率が決まりますので、税金の金額を計算し、

「昨年分の私の税金はいくらです」と自分で申告するのです。個人事業主が事業によって得た所得に対しては、所得税と住民税、さらに一定の種類の事業を行っている場合には個人事業税がかかります。

所得税は国に納める税ですから、確定申告は税務署に対して行います。住民税は都道府県民税と市町村民税を合わせたものですが、都道府県分も含めて市町村に対して確定申告をします。ただし所得税の確定申告を税務署に行った場合には、その情報を税務署から市町村に伝えてくれますので住民税の確定申告を行う必要はありません。確定申告は所得税と住民税あわせて１回で済むということですね。個人事業税は都道府県に納める地方税ですが、所得税や住民税の確定申告をした場合には別途申告する必要はありません。確定申告を行ったら、申告した金額の税金を国に直接納付します。また住民税は市町村に納付します。自分で払い込んでもいいですし、銀行口座から引き落としもできます。

「いくら所得がありました。だから税金をこれだけ支払います」と自分で申告するのが原則です。この制度を申告納税制度といいます。１年間の所得がどれだけあって、それに対する税金がいくらになるのかを計算して自分で申告し税金を納める。日本ではそうした申告納税制度が採用されています。「じゃあ確定申告しなければ、税金を納めなくていいのでは」と思う人もいるかもしれません。しかしそうはいきません。それだと社会から受益を受けているのに自分だけ負担をしないということですから、不公平ですね。ですから税務署は調査をして確定申告がちゃんとなされているかをチェックしています。そして、ちゃんと確定申告をしていなかったり、していてもその金額が誤っていれば、追加で申告をさせたり修正を求めます。後から申告したり、修正して不足した税金を納付する場合には、利息や罰金のような形で税金の金額が高くなるというペナルティが発生します。ニュースなどで所得を隠していて税務署からそれを指摘され、後からガッポリ税金を支払わなければいけなくなったという話を聞いたことがないでしょうか。このように税務署が行う税務調査によって申告漏れや無申告が発覚した場合に、その差額の税を徴収することを、追徴課税といいます。

ケース4　会社

会社も自営業者と同様に確定申告をして自ら税金を納めなければなりません。1年間の所得を計算しそれに応じた税金を支払います。会社の場合、所得税に代わって法人税という税がかかります。法人税は所得税と同じ国の税（国税）です。そして、法人にも都道府県民税と市町村民税、つまり住民税がかかり、さらに法人事業税という都道府県の税が加わります。

もうすでに皆さんは日常生活において消費税を支払っていますし、バイトをしている人はバイト代から税金を天引きされているかもしれません。会社に就職した人は会社が毎月の給料から税金を天引きし、代わりに納めてくれています。もし将来、お店を持つということになると自分で確定申告をして税金を納めることになります。会社を設立した場合も同じです。会社を設立した場合には、個人にかかる税金と会社にかかる税金の二つを考えなければなりません。

税理士という職業を知っているでしょう。税理士というのは確定申告を個人や会社に代わって行うことができる国家資格です。

3　税の分類

国税と地方税

もうすでに色々な言葉が出てきましたから、ここで整理しておきます。税金のことを租税といい、税の名前のことを税目といいます。租税には様々な税目が存在しますが、いくつかの視点からの分類があります。その一つが課税主体に着目した分類です。納める先といってもよいかもしれません。国が課税し国に納めるものを国税、都道府県や市町村という地方公共団体が課税しそこに納めるものが地方税です。国税には、所得税、法人税、消費税、相続税、たばこ税、関税や酒税などがあります。地方税には都道府県が課税主体となる都道府県税と、市町村が課税主体となる市町村税があります。地方税の主な税目は、住民税（都道府県民税と市町村民税）、個人事業税、法人事業税、固定資産税、自動車税、軽自動車税など

表2-1　税の分類Ⅰ

		直接税	間接税
国税		所得税、法人税、相続税、贈与税など	消費税、酒税、たばこ税、関税など
地方税	道府県税	道府県民税、個人事業税、法人事業税、自動車税など	地方消費税、道府県たばこ税、ゴルフ場利用税など
	市町村税	市町村民税、固定資産税、軽自動車税など	市町村たばこ税、入湯税など

出所：国税庁 HP　https://www.nta.go.jp/taxes/kids/hatten/page02.htm をもとに作成。

があります。

直接税と間接税

次は、納め方の違いによる分類です。税を納める人と負担する人が同じ税目を直接税、税を納める人と負担する人が異なる税目を間接税といいます。税金の中には所得税や法人税のように確定申告をして自分で納める税金がある一方で、消費税のようにスーパーが預かってくれて代わりに納めてくれる税金があります。前者が直接税で後者が間接税です。直接税には所得税や法人税、相続税、住民税(都道府県民税と市町村民税)、固定資産税などがあります。間接税には消費税をはじめ、酒税、たばこ税、関税などがあります。会社員の場合には所得税や住民税は給与から天引きして会社が納めてくれるので間接税では、と思う人もいるかもしれませんね。でも所得税や住民税は申告して納税をするのが本来の姿です。申告漏れなどを防ぐために会社が本人に代わって納めてくれているだけで、税を納める義務がある人、これを納税義務者といいますが、納税義務者はあくまで会社員本人なのです。

これに対して間接税は、実質的に税を負担する人と納税義務者が異なる税金です。例えば、消費税は実質的に負担しているのは消費者なのですが、それを納める義務を負っているのは物やサービスを提供する事業者で

表2-2　税の分類Ⅱ

所得課税	個人や会社の所得に対する課税 例）所得税や法人税など
消費課税	物品の消費やサービスの提供などに対する課税 例）消費税、酒税、たばこ税など
資産課税	資産に対する課税 例）相続税、固定資産税など

す。酒税も実質的にはビールやお酒の代金に含まれていて消費者が負担しているのですが、納税義務者はお酒の製造者になります。たばこ税も同様に消費者が価格に含めて負担していますが、納税義務者はたばこの製造会社や卸売業者です。関税は外国からの輸入品に対して課税される税です。最終的には品物の価格に乗せてそれを購入する消費者が負担をすることになりますが、輸入した人が納税義務者となっていますから間接税です。

所得課税・消費課税・資産課税

何に対して税をかけるのか、税の対象を課税対象といいますが、課税対象に着目した分類があります。所得課税、消費課税、資産課税という分類です。所得課税は所得税や法人税のように、個人や法人の所得に対する課税です。消費課税は人が消費した物やサービスに対して課税される税です。消費税や酒税、たばこ税などがそれに当たります。ゴルフ場利用税や入湯税もゴルフ場の利用や温泉に入ることに対して課税をしているので消費課税です。資産課税は金銭や不動産などの資産に対して課税をする税目です。相続税は相続した資産に対して、その価値に応じて課税をします。固定資産税も土地や建物を持っている人に、その資産の価値に応じて課税されます。こういうものを資産課税といいます。

第２節　収入にかかる税

1　所得税・住民税

社会人として働いていくうえで否応なく関心を持たざるを得ないのが、自分の収入にどれだけの税金がかかるのか、ということです。個人の収入にかかってくる税は所得税と住民税です。会社員として給与をもらう場合、額面の支給額から所得税と住民税が引かれていることがほとんどです。収入にかかる税の主たるものがこの所得税と住民税なのです。この二つの税はどのようなものなのでしょうか。

所得税は国税つまり国に納める税金で直接税です。直接税は納税義務者が直接納めるのが原則ですが、会社員の場合には会社があらかじめ毎月の給与と賞与（ボーナス）から徴収して、納税者である会社員に代わって税務署に納めてくれます。またその名前のとおり所得課税です。住民税は地方公共団体に納める地方税です。住民税は都道府県民税と市町村民税を合わせたものを指し、これも直接税ですが、会社員の場合には会社が毎月の給与から徴収して市町村に納めます。そして住民税もまた所得に対して課税をされますので所得課税です。

このように所得税と住民税は、国税と地方税という違いはありますが、いずれも直接税で所得課税です。一定の収入を得た場合には基本的に所得税と住民税が課税されます。非常に身近な税金ですから、詳しく知っておきましょう。

1 収入には所得税がかかる

ケース１　会社員（給与所得者）の場合

個人が得た収入（所得）には所得税がかかるのが基本です。会社員のように会社などに雇用されて給与をもらう人のことを給与所得者といいます。給与によって所得を得る人という意味です。給与所得者の場合、勤務先の会社などが毎月の給与と賞与（ボーナス）にかかる所得税を本人の代わりに納めてくれます。つまり会社は毎月の給与とボーナスから所得税の税金分を徴収して、それを本人に代わって税務署に納めます。これを源泉徴収といいます。住民税も同じように毎月の給与から徴収して市町村に納めてくれますが、これは特別徴収と言い方が違います。これには理由がありますので後述します。

例えば、結婚したり子どもが生まれたりといった環境の変化が起こると、所得税の金額が変わることがあります。その理由は後述しますが、毎月の給与やボーナスから会社が所得税を源泉徴収してくれる給与所得者の場合、所得税を取りすぎてしまった、あるいは少し足りないということがあり得ます。その過不足を調整するため、毎年年末に年末調整という手続きを行います。給与所得者の所得税は毎月の給与とボーナスから源泉徴収されますが、１年の間にその人に起こった様々な環境変化に伴う所得税の税額の過不足を、年末調整で調整するのです。毎年年末が近づくと会社が従業員に「この１年間で何か変わったことはありませんか」と聞いてくれて、従業員からの申し出に応じて会社で所得税の税額を再計算し、12月の給与の時に税額の過不足を調整してくれます。源泉徴収と年末調整という言葉はよく出てくるので覚えておいてください。

ケース２　個人事業主などの場合

会社などに雇用される給与所得者ではない人、例えば、個人で事業を営んでいる個人事業主やアルバイトで生活している人などは、所得税を確定申告によって自ら申告し納付する必要があります。また、二つ以上の会社を掛け持ちしていて一方の会社でしか年末調整されていない場合や、副業収入がある場合、給与をもらっていても勤務先で源泉徴収されていない場合などには、やはり確定申告をしなければなりません。収入を得たのに所得税が源泉徴収されていない場合や収入の一部分にしか源泉徴収されていない人は、基本的に確定申告をしなければならないのです。

このように収入にはまず所得税がかかります。そして会社が源泉徴収してくれる給与所得者かそうでないかによって納め方も異なります。

2 収入と所得

所得税の課税対象は収入ではなく所得です。では収入と所得はどのように違うのでしょうか。

Ａさんは会社員で、会社からもらう給与と賞与（ボーナス）は所得税などを徴収される前の支給額（額面支給額）で年間800万円ですが、そこから所得税として年間40万円が源泉徴収されています。一方、Ｂさんは自分で喫茶店を開いています。喫茶店の売上は年間1000万円ですが、確定申告した所得税は０円です。なぜでしょうか。

喫茶店の売上が1000万円もあるのに所得税が0円なのはおかしいじゃないかと思うかもしれません。手元に入る収入は確かにＡさんが800万円、Ｂさんが1000万円です。ところが所得が違うのです。Ａさんは会社員ですから会社からもらった手取りの給与がそのまま自分が使えるお金となります。しかしＢさんは喫茶店を経営するために仕入れや家賃など様々な経費がかかっています。Ｂさんの場合には収入（売上金額）からそれを稼ぐために必要となった経費を引いた額が自由に使えるお金、つまり正味の儲けということになります。このように所得とは、収入から必要経費を引いた額ということになります。そして所得税はこの所得に対して課税されるのです。

Ｂさんのように個人で事業をする人は個人事業主ですが、個人事業主がその事業から得た所得のことを事業所得といいます。事業所得は収入から必要経費を引いたもののことです。これが所得税の課税対象となります。実際に収入を得るために必要となった経費であれば全部必要経費になります。喫茶店の場合には、お店の家賃や光熱水費、コーヒー豆など材料の仕入れは必要経費です。もちろんアルバイトを雇っているのならその費用もすべて必要経費に含まれます。実際に得た売上金額などの収入から必要経費をすべて差し引いたものが所得になります。仮に売上が1000万円あったとしても、必要経費がそれ以上かかっていれば事業所得は０円ですから、所得税が０円であることは十分あり得るのです。

Ａさん：会社員／年収 800 万円 → 所得税 40 万円
Ｂさん：喫茶店経営／売上 1000 万円 → 所得税 0 円

⬇　どうして？

所得税は「所得」に課税される

〈会社員の場合は？〉
給与所得＝収入金額－給与所得控除額
（収入金額に応じて定額）

〈個人事業主の場合は？〉
事業所得＝総収入金額－必要経費（実際の支出額）

図 2-3　収入と所得

それでは、Ａさんのような会社員の場合はどうでしょうか。Ａさんの収入は会社から支給される給与や賞与です。会社員のように会社などから支給される給与や賞与から得られる所得を給与所得といいます。では、会社員の必要経費はどのように算出するのでしょうか。会社に行くためにはお化粧もしなければならないし、服も買わなければならない。仕事に必要な書籍を購入することもあるでしょう。ですが、会社員の必要経費をどこまで認めるかは、会社の事業内容によっても違いますし、職種によっても異なります。必要経費をどこまでカウントするのかは非常に難しいわけです。そこで、会社員の場合はどうしているかというと、必要経費は収入の金額に応じて定額としています。つまり収入がこれだけの場合の必要経費はこれだけですよと決めて、あとは個別にカウントしませんというやり方をしています。収入金額に応じて定額で必要経費を引いているのです。これを給与所得控除といいます。会社員が給与や賞与から得る所得（給与所得）は、収入から給与所得控除額を引いた金額ということになります。

3　所得への課税か人への課税か

では、所得が同じだったら所得税の税額も同じかというと、実はそうではありません。

ともに給与所得500万円
Aさん：子ども2人、夫は専業主夫
Bさん：独身、親も元気に働いている
→ 所得税額　Bさん＞Aさん

⬇　どうして？

所得税はその人の負担能力に応じて課税される
（応能負担の原則）

総所得金額（すべての所得を合算）－所得控除額
＝課税対象となる所得金額（課税総所得）

図2-4　所得控除と課税総所得

例えば、AさんもBさんも同じ給与所得者で給与所得が500万円だったとします。しかしAさんは子どもが二人いて配偶者が専業主夫。Bさんは独身で自分の給与を一人で使える環境だった場合には、所得税額はBさんの方が多くなります。同じ給与所得者で所得金額も同じなのになぜBさんの方が所得税の税額が高くなるのでしょうか。

所得税は、所得に対して課税をしますが、単純に所得に応じた課税をするのではなく、その人の負担能力に応じて課税をする仕組みになっています。Aさんには子どもが二人います。夫は専業で子どもの面倒を見てくれているので、子ども二人と夫の生活費を自分一人の給与で賄わなければなりません。一方でBさんは自分で稼いだお金は自分の生活と趣味などに使うことができる独身貴族です。どちらが社会に対する負担能力があるかというと、Bさんの方があるわけです。ですからBさんにはより多くの税負担をしてもらおうという仕組みになっています。

つまり、所得税は所得に対して課税しますが、その人の負担能力に応じて課税をする仕組みを取り入れているのです。その人の負担能力に応じた負担を求めることを応能負担の原則といいます。応能負担の原則は税だけでなく、社会保障制度においても適用される原則です。

社会を構成する私たちはみんなで助け合い、支え合って生きています。その会費を税として納めますが、負担する能力が高い人にはより多く能力に応じた負担をしてもらおう、というのが応能負担の原則です。ですから所得税は所得に対して課税しますが、個々人の負担能力に着目して税金の金額を変動する仕組みを取り入れています。では、どうやって個人の負担能力を税額に反映させるのでしょうか。

例えば、会社員であっても副業をしていたり、相続したアパートを貸して家賃を得ている、株の売買をして儲けているなど、会社からの給与以外の収入がある人がいます。当然ですが給与所得以外の所得にも税金がかかります。例えば副業として事業を行っている場合には個人事業主としての事業所得、不動産から所得を得ている場合には不動産所得、株の売買で利益を得た場合には譲渡所得、など所得はその要因に応じて様々に分類され、これらすべての所得を合算したものを総所得金額といいます。総所得金額に税率をかけたものがその人が納める所得税額ということになるのですが、この総所得金額から、個人の負担能力に影響する事柄についてはそれぞれに一定額を差し引く制度が作られています。この制度を所得控除といいます。給与所得者の必要経費相当額である給与所得控除もその一つです。そして総所得金額からすべての所得控除額を差し引いた後の所得金額を課税総所得といいます。所得控除額を差し引くということは、課税の対象となる課税総所得を減らすということですから、それだけ所得税の税額は下がりますよね。この仕組みを使うことによって、個々人の負担能力の差を所得税の税額に反映させるのです。

個人の負担能力を考慮した所得控除（人的控除）

所得控除にはたくさんの種類があります。例えば生計を同じくする配偶者のいる人でその配偶者の所得が一定以下の場合には、所得金額から一定額を控除する制度が設けられています。これを配偶者控除といいます。配偶者に所得があって配偶者控除が受けられない場合でも、その所得金額に応じて一定の控除が受けられる配偶者特別控除という制度もあります。子どもや親を扶養している場合には扶養控除、本人が障がい者である場合には障害者控除、シングルマザーで養わなければならない子どもがいる場合にはひとり親控除、働きながら学ぶ学生には勤労学生控除など、それぞれ

表２-３　人的控除と物的控除

人的控除	物的控除
障害者控除 ひとり親控除 勤労学生控除 配偶者控除 配偶者特別控除 扶養控除 基礎控除 寡婦控除	雑損控除 医療費控除 社会保険料控除 小規模企業共済等掛金控除 生命保険料控除 地震保険料控除 寄附金控除

要件は定められていますが、いずれも本人の個人的事情に応じて一定の金額を総所得金額から控除する所得控除です。

先ほどのＡさんとＢさんの例に戻ると、Ａさんには所得のない配偶者と子どもがいます。Ｂさんは独身で親も元気に働いていますから扶養すべき人はいません。ですからＡさんには配偶者控除や扶養控除などの所得控除が適用され、総所得金額から一定額が控除されます。Ｂさんにはそれらの適用がありませんから、課税総所得はＡさんよりＢさんの方が多くなり、所得税の税額もＢさんの方が多くなるという仕組みになっているのです。このように、その人の負担能力に応じた所得控除のことを人的控除といいます。

会社が所得税を源泉徴収している給与所得者が年末調整を行うのは、あらかじめ会社に申し出ていた配偶者の所得や扶養すべき子どもの数などが年の途中で変わることで、所得控除の対象となるかどうかや控除額が変わることがあるからです。それを年末調整で調整する仕組みになっています。

所得控除には人的控除以外にも様々な制度があります。例えば、医療費控除です。これは家族を含めて１年間の医療費が多くかかった場合には、一定額を超える分について総所得金額から控除する制度です。また生命保険料控除というものもあります。民間の生命保険に加入している場合に保険の種類や支払った保険料の額に応じて一定の金額を控除します。ふるさと納税などで地方公共団体などに寄付をした場合にもその寄付金額に応じて寄附金控除を受けることができます。これら人的控除以外の所得控除を物的控除といいます。

税額控除

収入の要因ごとに収入から必要経費を差し引いて所得の額を計算し、それを合算した総所得金額から様々な所得控除を差し引いた額が、所得税の課税対象となる課税総所得となります。所得税額はこの課税総所得に税率を乗じて計算されますが、そうして計算した所得税額からさらに一定の金額を差し引く制度があります。これを税額控除といいます。

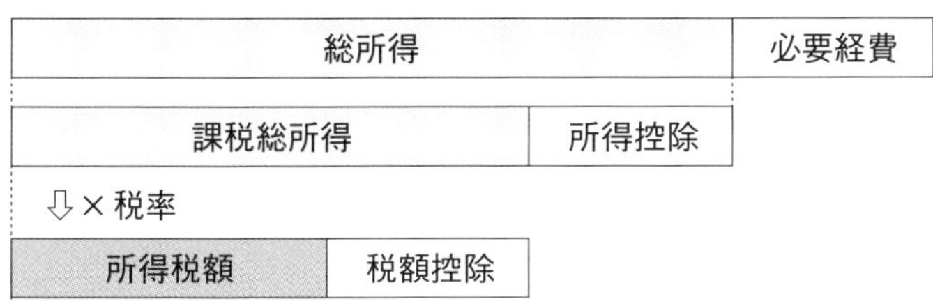

図2-5　税額控除

例えば住宅ローンを借りて家を建てたら銀行に利子を支払っていかなければなりませんが、その利子の一部を所得税額から差し引くという住宅ローン控除という制度があります。住宅ローン控除の制度はこの税額控除の代表格です。

4 累進税率

所得税の税率は所得が多ければ多いほど高くなります。このような税率のことを累進税率といいます。このうち所得税などに適用されているのは超過累進税率という税率です。

所得税の税率は、対象となる課税総所得の金額に応じて階段状に税率が上がっていく仕組みになっています。具体的には、課税総所得の金額が一定のラインを超えると、超えた部分に適用される税率が上がります。つまり課税総所得が増えれば増えるほど、より高い税率が適用される部分が増

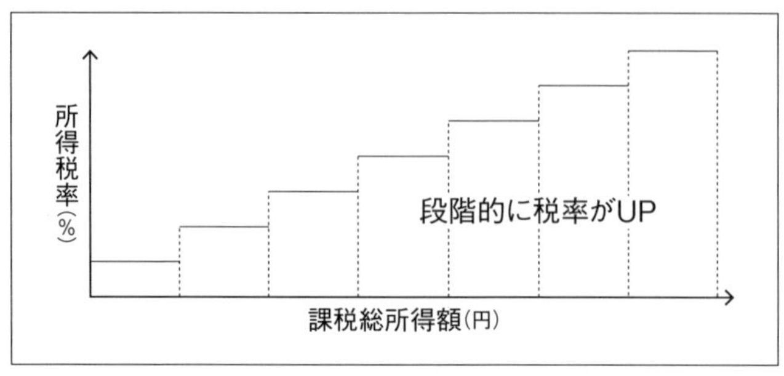

図２-６　超過累進税率

え、所得税額も増えるということです。なぜこうなっているかというと、これもまた応能負担の原則によるものです。つまり所得が高い人はそれだけ負担能力があるのだから、能力に応じた負担をしてもらおうということです。

5 住民税

住民税は地方公共団体に納める地方税で、所得税と同じく収入に対してかかる税金です。ただ、所得税とは少し仕組みが異なっています。住民税は都道府県民税と市町村民税を合わせたものを指しますので、給与明細に住民税と書いてある場合には、都道府県に納める都道府県民税と市町村に納める市町村民税を合わせた金額がそこに含まれています。そして都道府県民税も市町村民税も、所得に応じた所得割とすべての人に一律にかかる均等割を合計したものがその税額となります。

所得割は、所得税と同じようにその人の課税総所得に税率を乗じてその額が決まります。一方、均等割は所得の有無にかかわらず一人いくらと完全に均等です。所得がなければ所得税はかかりませんが、住民税の場合には仮に所得がなくても均等割の分だけは必ず納めなくてはならないということです。また住民税の所得割は所得税と同様の計算をして課税対象となる所得金額を求めますが、それに乗じる税率は累進税率ではなく一定です。また所得税と同様に様々な所得控除の制度がありますが、控除の要件

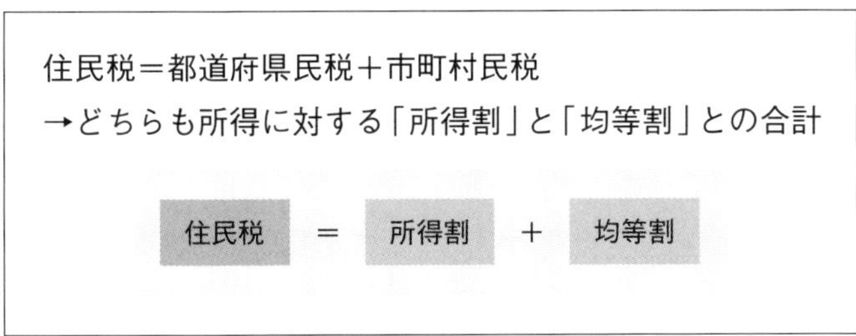

図２-７　住民税のイメージ

や控除額は所得税と住民税では微妙に異なります。住民税は地方税ですから国税である所得税とは根拠となる法律も違うので、制度の内容も少しずつ異なっているのです。

そして所得割の税率や均等割の金額は地方公共団体がそれぞれ条例で決めています。ということは、住むところによって住民税の税額が違うということです。地域社会の場合、その地域によって必要な公共サービスは変わってきます。地域の公共サービスを住んでいる人たちの税で賄っていくのですから、税額に差があってもおかしくはありませんよね。

所得税と住民税の違い

所得税と住民税の所得割はともに所得を対象として課税されますが、その制度には違いがあります。所得税は所得を得た年にリアルタイムに課税されます。つまり会社が毎月の給与から源泉徴収する所得税はその収入（給与）にかかる所得税であり、賞与（ボーナス）をもらえば当然そこからも源泉徴収します。所得を得た年の収入に対する所得税をリアルタイムで源泉徴収し、最後に年末調整で１年間の過不足を調整するわけです。個人事業主など確定申告が必要な場合にも、年が明けるとすぐに１年間の所得を計算して２月から３月にかけて申告をして納付します。

ところが、住民税は所得税とは異なり、リアルタイムの課税ではありません。給与所得者も確定申告をする人も、まず前年の所得を計算して税額を確定させ、それから税金を納付します。もちろん所得控除などの内容も

所得税：所得を得た年に納付
　会社員：会社が給与から源泉徴収して納付
　（ボーナスからも徴収あり）
　その他：確定申告を行い一括して納付

住民税：12月までの所得に対する税金を翌年6月以降に納付
　会社員：会社が12回に分けて毎月の給与から特別徴収して納付（ボーナスからの徴収なし）
　その他：確定申告を行い一括または4回に分けて直接納付（普通徴収）

※所得控除の内容についても違いがある。

図2-8　所得税と住民税の違い

所得税と住民税とでは異なっている部分があり、厳密には課税総所得の金額も異なります。

年が明けたら前年の所得を給与所得者の場合には会社が市町村に報告し、確定申告をする場合には自分で申告を行います。それを受けて市町村と都道府県は5月頃に住民税の税額を決定して本人や会社に通知します。給与所得者の場合には、そこで決まった税額を6月から次の年の5月までの12回に分けて会社が毎月の給与から徴収をして市町村に納付します。この場合、毎月の給与から引かれている住民税は、もらった給与そのものに対する税金ではなく、昨年の収入に対する住民税の総額を12回に分けて分割払いしているということになります。つまり1年遅れなのです。決まった税額を12回に分割しているだけですから住民税は賞与（ボーナス）からの徴収はありません。

会社が従業員の所得税を預かって代わりに税務署に納める制度を源泉徴収といいましたが、住民税の場合には特別徴収といいます。同じ給与からの徴収ですが制度が異なるのです。また会社員でも毎月の給与からの特別徴収を望まない場合には、通知された税額を自分で納めることもできます。これを普通徴収といいます。普通徴収を選択した場合にも一括納付と4回の分割納付を選ぶことができます。

では、会社員ではない人は住民税をどうやって納めるのでしょうか。これも所得税と同じく確定申告を行います。ただ、所得税の確定申告を税務署に行った場合には、そのデータを税務署から市町村に送ってくれますので、住民税の確定申告を別途行う必要はありません。また所得税は確定申告と同時に納付しますが、住民税の場合には5月頃に市町村から税額を決定した通知がきます。会社員ではない人の場合には普通徴収しかありませんから、一括納付か分割納付かで納付することになります。

2　働き方で変わる納税

 確定申告とは

確定申告とは、1月1日から12月31日までの1年間の収入から経費などを差し引いて所得を算出し、収入にかかる所得税の額を税務署に申告する手続きのことです。まだ学生で就職していないという人も、また会社が所得税を本人に代わって源泉徴収してくれる会社員の人でも、確定申告を行う必要が出てくることがあります。また、必ずしなければならないわけではないけれど確定申告をした方がよい場合、つまりお得になる場合があります。

確定申告を行う人

確定申告は、必ずしなければならない場合と、した方がよい場合とがあります。確定申告をしなければならない場合とは、どんな時でしょうか。

会社員の場合は、収入にかかる所得税を、会社が給与から源泉徴収して本人に代わって納付してくれます。だから自分で納める必要がありません。ところが、そうではない人は自分で税を納めなければならないので、確定申告をする必要があります。具体的には、個人事業主、フリーランスのような人ですね。

会社から給与をもらって源泉徴収されているけれど、会社以外で副業をしている場合には、確定申告をしなければなりません。ただし、副業収入が20万円以下なら確定申告をしなくてもいいということになっていま

す。20万円を超える副業収入がある人は給与と副業収入を合わせて、再度税額の計算をして確定申告をする必要があります。

二つ以上の会社から給与を受け取っている人も同じです。二つ以上の会社からの給与があるとなぜ確定申告が必要になるかというと、年末になると１年間の中での環境変化を踏まえて所得税額の調整をする年末調整を会社がしてくれます。しかし、二つ以上の会社からの給与がある人は、一つの会社の給与分しか年末調整をしていないからです。二つ以上の会社から給与がある人は、すべての給与分を合算してもう一度調整をし直す必要があるので、確定申告が必要なのです。

では、必ずしなければならないわけではないけれど、確定申告をした方がよい人とは、どのような人なのでしょうか。それは、確定申告をすることで払いすぎた税金が戻ってくる人です。確定申告は、基本的には自分で所得を計算して税額を算出し、それを申告して納税するという手続きですが、そうではなく、確定申告をすることで税金が戻ってくる場合があります。「払いすぎた税金を戻してくれ」という申告、これを還付申告といいます。

どういう場合に戻ってくるかというと、源泉徴収ですでに税金を納めているが、計算をし直すことによって所得の額や所得税の税額が減る場合です。どういう場合に所得や所得税額が減るのかというと、所得控除や税額控除の適用が受けられる場合です。源泉徴収時には反映されていなかった所得控除や税額控除の対象になる人が「控除の対象です」ということを申告することによって、税金が戻ってくるケースがほとんどです。

例えば、年の途中で会社を辞めた場合には、辞めるまでの給与からは源泉徴収が行われていますが、年末調整は行われていません。ですから、税金を納めすぎている可能性があります。再就職した場合には、新しい会社で前の会社の給与分まで含めて年末調整してもらえばいいのですが、そうでない場合は確定申告をすることで税額が減り、税金が戻ってくることがあります。

また、所得控除の中には年末調整では調整されないものもあります。例えば医療費控除です。家族も含めた１年間の医療費が10万円を超えると、超えた分については所得控除の対象になりますが、年間の医療費を自分で

表2-4　年末調整で調整できない主な控除

医療費控除	入院や通院などにより10万円を超える医療費を支払った
寄附金控除	ふるさと納税をした
雑損控除	災害や盗難による損害を受けた
住宅ローン控除	マイホームを取得して、住宅ローンがある

計算することが必要ですから、年末調整には反映できません。また、寄附金控除はふるさと納税やそれ以外の寄付を含め、国や地方公共団体などに寄付をした人に適用されますが、通常この所得控除も会社の年末調整には反映されません。さらに、住宅ローン控除は、所得控除ではなく所得税額からローン残高に対応した利子の一部を差し引く税額控除の制度ですが、適用を受けるためには最初は証明書などを添えた確定申告が必要です。

このような控除の対象となる場合には、会社員であっても確定申告をすれば所得税額が減り、納めすぎた税金が戻ってくるのです。還付申告は義務ではありませんから確定申告をしなくても特に何も言われません。でも確定申告すればちゃんと税金が戻ってきます。ですから、確定申告をした方がよいということになるのです。

確定申告の流れ

確定申告の対象となる収入の期間ですが、1月から12月までの1年間です。これを「申告対象期間」といいます。この期間の収入や必要経費、医療費や寄付金など申告に関係する数値を精査し、書類を整理したうえで所得と税額の計算をすることになります。

確定申告の準備はいつからするべきかですが、確定申告の受付期間は長くないので直前にすべて行うのは大変です。特に個人事業主などの場合には、常に確定申告を意識した各種記帳や関係書類の整理をしておいた方がいいです。例えば、収入支出を帳簿でつける、領収書をちゃんと取っておく、といったことです。必要な情報や書類を整理しておけば、実際に確定申告の作業をする時に非常に楽になります。領収書をそのまま置いておくだけで、ちゃんと記帳もしていないと確定申告の時に大変になります。もちろん税理士に依頼している人もいますし、規模の大きい会社だとそうしないと対応できないところもあります。

そして、12月31日が過ぎ申告対象期間が終わると、その1年間の収入支出や関係する費用の金額を固めることができるようになり、年が明けて早速1月初旬から還付申告のみ受付が始まります。税務署への確定申告の方法ですが、まず、税務署に書類を持参して申告をするのが一つの方法です。しかし、おすすめなのは電子申告（e-Tax）です。e-Taxとは、インターネットを使ってパソコンやスマートフォンから確定申告を行うことができるシステムです。e-Taxの普及によりわざわざ税務署に行かなくても自宅でパソコンやスマートフォンから確定申告ができるようになりました。還付申告以外の、税金を自分で納めなければならない人の確定申告の受付期間は、通常2月中旬から3月中旬までの1カ月間です。この期間は税務署がもっとも混み合う時期になります。

12月末までの収入支出などを計算して翌年2月中旬から確定申告の受付開始、3月中旬までには提出しなければなりませんから、その期間内に準備を整えて書類を作らなければなりません。また、通常は確定申告をしたら申告期限内に納税しなければなりませんのでそのための資金も必要です。納税は口座振替でできますので、銀行口座を登録しておけばそこから引き落としされます。

では、還付申告の場合はどうかというと、確定申告から1～2カ月後に登録した銀行口座に国庫、つまり国の財布から還付金が振り込まれます。

確定申告書

実際の確定申告書は図2-9のようになっています。図2-9が総括表で、この総括表の各欄に記入される数値を計算するため、さらに付属の表が多くついています。電子申告の場合には、数値を入力していくことでこれらの表を作成することができるようになっています。

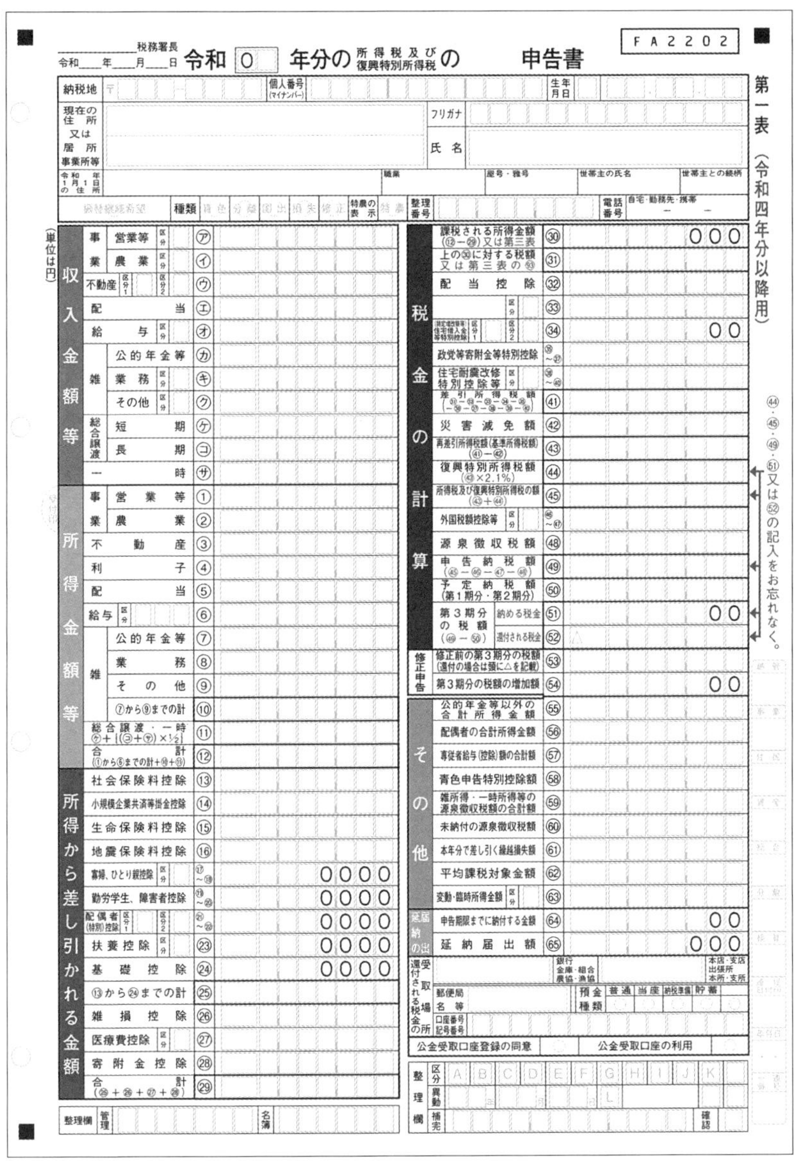

税務署長　令和＿年＿月＿日

令和 0 年分の所得税及び復興特別所得税の　申告書

FA2202

第一表（令和四年分以降用）

納税地	〒	個人番号（マイナンバー）	生年月日
現在の住所又は居所事業所等		フリガナ	
		氏名	
令和　年1月1日の住所	職業	屋号・雅号	世帯主の氏名／世帯主との続柄
納付継続希望	種類　青色　分離　国出　損失　修正　特農の表示　特農	整理番号	電話番号　自宅・勤務先・携帯　－　－

（単位は円）

区分	項目	番号	金額
収入金額等	事業　営業等　区分	㋐	
	事業　農業　区分	㋑	
	不動産　区分1　区分2	㋒	
	配当	㋓	
	給与　区分	㋔	
	雑　公的年金等	㋕	
	雑　業務　区分	㋖	
	雑　その他　区分	㋗	
	総合譲渡　短期	㋘	
	総合譲渡　長期	㋙	
	一時	㋚	
所得金額等	事業　営業等	①	
	事業　農業	②	
	不動産	③	
	利子	④	
	配当	⑤	
	給与　区分	⑥	
	雑　公的年金等	⑦	
	雑　業務	⑧	
	雑　その他	⑨	
	⑦から⑨までの計	⑩	
	総合譲渡・一時　㋘＋{(㋙＋㋚)×½}	⑪	
	合計（①から⑥までの計＋⑩＋⑪）	⑫	
所得から差し引かれる金額	社会保険料控除	⑬	
	小規模企業共済等掛金控除	⑭	
	生命保険料控除	⑮	
	地震保険料控除	⑯	
	寡婦、ひとり親控除　区分	⑰～⑱	0000
	勤労学生、障害者控除	⑲～⑳	0000
	配偶者（特別）控除　区分1　区分2	㉑～㉒	0000
	扶養控除　区分	㉓	0000
	基礎控除	㉔	0000
	⑬から㉔までの計	㉕	
	雑損控除	㉖	
	医療費控除　区分	㉗	
	寄附金控除	㉘	
	合計（㉕＋㉖＋㉗＋㉘）	㉙	

区分	項目	番号	金額
税金の計算	課税される所得金額（⑫－㉙）又は第三表	㉚	000
	上の㉚に対する税額又は第三表の㊈	㉛	
	配当控除	㉜	
	区分	㉝	
	（特定増改築等）住宅借入金等特別控除　区分1　区分2	㉞	00
	政党等寄附金等特別控除	㉟～㊲	
	住宅耐震改修特別控除等　区分	㊳～㊵	
	差引所得税額（㉛－㉜－㉝－㉞－㉟－㊱－㊲－㊳－㊴－㊵）	㊶	
	災害減免額	㊷	
	再差引所得税額（基準所得税額）（㊶－㊷）	㊸	
	復興特別所得税額（㊸×2.1%）	㊹	
	所得税及び復興特別所得税の額（㊸＋㊹）	㊺	
	外国税額控除等　区分	㊻～㊼	
	源泉徴収税額	㊽	
	申告納税額（㊺－㊻－㊼－㊽）	㊾	
	予定納税額（第1期分・第2期分）	㊿	
	第3期分の税額（㊾－㊿）　納める税金	51	00
	第3期分の税額（㊾－㊿）　還付される税金	52	△
修正申告	修正前の第3期分の税額（還付の場合は頭に△を記載）	53	
	第3期分の税額の増加額	54	00
その他	公的年金等以外の合計所得金額	55	
	配偶者の合計所得金額	56	
	専従者給与（控除）額の合計額	57	
	青色申告特別控除額	58	
	雑所得・一時所得等の源泉徴収税額の合計額	59	
	未納付の源泉徴収税額	60	
	本年分で差し引く繰越損失額	61	
	平均課税対象金額	62	
	変動・臨時所得金額　区分	63	
延届納の出	申告期限までに納付する金額	64	00
	延納届出額	65	000

㊹・㊺・㊾・51又は52の記入をお忘れなく。

還付される税金の受取場所：銀行　金庫・組合　農協・漁協　本店・支店　出張所　本所・支所　郵便局名等　預金種類　普通　当座　納税準備　貯蓄　口座番号記号番号

公金受取口座登録の同意　　公金受取口座の利用

整理欄　区分　A B C D E F G H I J K　異動　年　月　日　L　補完　確認

整理欄　管理　名簿

図２-９　確定申告書（第一表）

出所：国税庁 HP
https://www.nta.go.jp/taxes/shiraberu/shinkoku/yoshiki/01/shinkokusho/pdf/r04/01.pdf

図２-10　電子申告（e-Tax）

出所：e-Tax HP　https://www.e-tax.nta.go.jp

電子申告（e-Tax）

e-Taxは、パソコンやスマートフォンから確定申告ができる仕組みですが、確定申告書の作成そのものも、このe-Taxで行うことができます。e-Taxから確定申告書を送信する方法は、大きくわけて、マイナンバーカード方式と、ID・パスワード方式の二つがあり、どちらの方式もスマートフォンからも利用できます。マイナンバーカード方式とは、マイナンバーカードとマイナンバーカード読み取り対応のスマートフォンまたはICカードリーダーを使って送信する方法です。スマートフォンには専用アプリ、「マイナポータルAP」をインストールして、マイナンバーカードを読み取ります。この専用アプリは申告書作成の流れの中でインストールできるようになっています。もう一つの送信方法であるID・パスワード方式は、e-Tax用のIDとパスワードを使って送信する方法です。ID・パスワード方式はマイナンバーカードが普及するまでの暫定的な対応ですので、今後はマイナンバーカードによる電子申告が確定申告の主たる手段になっていく見込みです。

2 住民税と確定申告

住民税はどうかというと、基本的には税務署に所得税の確定申告をすれば、その情報を税務署から市町村に伝えてくれます。さらに市町村から都道府県にも必要な情報が伝わるようになっていますので、住民税独自の手続きは原則不要です。レアケースとして所得税はかからないけれど住民税だけかかるという人がいます。これは所得控除の金額などが住民税と所得税で微妙に異なるからです。そういう場合には市町村に住民税の確定申告をします。確定申告の受付は税務署だけではなく、市町村でも行っているのです。でも、ほとんどの人は税務署に所得税の確定申告をすれば、住民税の申告は不要になります。

3 収入をめぐる様々な「壁」

大学生や社会人でもアルバイトなどをして収入を得ている人も多いと思います。それではどのくらいアルバイトをしたら所得税や住民税がかかり、確定申告が必要なのでしょうか。

「○○○万円の壁」という言葉を聞くことがありませんか。それ以上収入があると税金がかかってしまう、とか実質的に負担増になってしまう、ということで、働くうえで気にせざるを得ない１年間の収入金額のラインです。仕事をして収入を得ていくうえで理解をしておかなければいけないことの一つです。

収入に関する壁には大きく三つのものあります。一つは自分が得た収入に対して所得税や住民税が課税されるかどうかという壁です。１年間の収入がその壁を超えると所得税や住民税が発生してしまう、というものですね。二つめは収入を得た本人ではなく、世帯主や配偶者の所得税や住民税の金額が上がってしまうという壁です。これは扶養控除や配偶者控除といった所得控除の適用に被扶養者の所得制限があるために生じるものです。そして三つめは社会保険料、つまり公的医療保険や公的年金の保険料を自分で支払わなければならなくなる、という壁です。収入に関してはこういったいくつかの「○○○万円の壁」があり、それを超えるかどうかで

1　自分に税金がかかるかどうかの壁

所得税・住民税

「基礎控除額＋給与所得控除額」を超えると課税所得が発生

※所得税と住民税で控除額が異なる（壁①、壁②）

2　世帯主などの税金が増えるかどうかの壁

所得税・住民税

一定以上の所得がある場合に扶養控除・配偶者控除が適用外に（壁③）

※世帯主が配偶者である場合には、所得が一定額（壁④）を超えると配偶者特別控除が減少、さらに一定額（壁⑤）超えると適用外に

3　社会保険の壁

収入が一定額を超えると、世帯主の社会保険（公的医療保険など）に被扶養者として加入できなくなる（壁⑥）

→自分自身で加入することが必要になり、保険料負担が発生

図2-11　収入をめぐる「○○○万円の壁」

自分や家族の税や保険料の負担が変わってしまうのです。詳しく見ていきましょう。

まず頭に入れておかなければいけないのは税金の話ですが、アルバイトなどで収入を得た自分自身が税金を支払わなければならないかどうかという壁と、配偶者や世帯主の税金が増えるかどうかという壁があります。

自分に税金がかかるかどうかの壁

壁①　所得税の壁

壁②　住民税の壁

アルバイトなどで年間の収入が一定額以上になると、所得税や住民税を支払わなければなりません。所得税の場合、すべての人に基礎控除と必要経費相当額である給与所得控除という二つの控除が必ず適用されます。収入がこの基礎控除額と給与所得控除額を足した金額の範囲内であれば、収入額から控除額を引いた金額がマイナスになりますから、所得がゼロ、つまり所得税がかかりません。確定申告をしてもゼロになります。逆にこれ

を超える場合には基礎控除額と給与所得控除額を引いても所得が残りますから課税対象となる所得（課税所得）が発生し、所得税がかかります。ここでもう一つ押さえておかなければならないのは、所得税と住民税では、基礎控除と給与所得控除の額が異なるということです。ですから、稀にですが所得税はかからないが住民税がかかるという場合があり得ます。さらに住民税の基礎控除額や給与所得控除額は住んでいる市町村によって異なります。これら所得税と住民税の基礎控除額と給与所得控除額を確認し、自分のアルバイト収入に所得税や住民税がかかるのかどうかを判断する必要があります。

アルバイトによる収入額が所得税の基礎控除額と給与所得控除額を足した額「壁①　所得税の壁」を超えていたとしても、アルバイト先で源泉徴収をされている場合には、もうすでに所得税を納めていますから確定申告は不要です。源泉徴収したデータは市町村にも送られますから、住民税の確定申告も必要ありません。

源泉徴収はされているのに年間の収入額が所得税の壁を超えていない場合は、所得税はかからないのにすでに納付していることになります。この場合、本来所得税はかからないわけですから、確定申告をすれば源泉徴収された税金分が還付されます。還付申告ですね。

年間の収入額が所得税の壁を超えて確定申告をした場合には、翌年に住民税の税額の通知が市町村から来ることになります。一方、所得税の壁は超えていないのに、住民税の基礎控除額と給与所得控除額を足した額「壁②　住民税の壁」は超えている、つまり所得税はかからないが住民税はかかってしまう、という際どい収入額になってしまった場合には、市町村に住民税の確定申告をする必要があります。その場合も翌年に住民税の税額の通知が届くことになります。

これがまず、自分に税金がかかるかどうかの壁です。自分に税金がかかるかどうかの収入の壁は「基礎控除額＋給与所得控除額」であること、そして所得税と住民税では微妙にその額が異なることを頭に入れておきましょう。

世帯主などの税金が増えるかどうかの壁

壁③　扶養控除・配偶者控除の適用外となる壁

壁④　配偶者特別控除の控除額が減少する壁

壁⑤　配偶者特別控除の適用外となる壁

もう一つは自分自身にかかる税金のことではなく、自分が世帯主や配偶者に扶養されている場合の話です。例えば、子供が親に扶養されている場合には、親の所得税や住民税には扶養控除を適用することができます。ですが、扶養控除の対象となる扶養親族は、生計を同じくし、かつ所得が一定額以下と決められており、子供自身にこれを超える収入がある場合には、扶養控除の適用がなくなり親の所得税や住民税が増えることになります。

また、例えば妻が夫に扶養されているといった、婚姻していて配偶者として扶養されている場合には、扶養控除ではなく配偶者控除の対象となりますが、これも扶養控除と同じく、配偶者の収入が一定額を超えると適用がなくなります。これが「壁③　扶養控除･配偶者控除の適用外となる壁」です。なお、この一定額として、所得税の基礎控除額と給与所得控除額を足した金額が定められています。つまり「壁③　扶養控除・配偶者控除の適用外となる壁」と「壁①　所得税の壁」の収入額は同じになっています。

配偶者の収入が多く配偶者控除が適用できない場合でも、さらに配偶者特別控除という控除制度があります。これは配偶者を扶養している納税者本人の所得が一定額以下であることに加え、やはりその配偶者の収入についての要件があり、一定の収入額を超えると控除額が減っていきます。そしてさらに一定の額を超えるとこれも適用がなくなります。つまり配偶者特別控除の控除額が減少し始める収入額「壁④　配偶者特別控除の控除額が減少する壁」と適用外となってしまう収入額「壁⑤　配偶者特別控除の適用外となる壁」があり、その間は段階的に控除額が減っていくという制度になっています。

これらは自分の税金ではなく世帯主や配偶者の税金の話ですが、働き方を考える際には心づもりをしておく必要があります。

社会保険の壁

壁⑥　社会保険の壁

さらに社会保険の壁があります。社会保険とは公的医療保険や公的年金、介護保険など社会保障制度としての保険制度を指しますが、ここで関係しているのは社会保険の中でも公的医療保険と会社員などが加入できる厚生年金です。第３章で詳しく見ていきますが、日本の社会保障制度では、国民全員が公的医療保険と公的年金に加入することができる国民皆保険、国民皆年金の制度を採用しています。公的医療保険では、会社員や公務員などの場合、企業が従業員のための健康保険組合（公務員の場合には共済組合）を作り従業員はそこに加入して保険料を支払います。会社員ではない自営業者や退職者などの場合には市町村が運営する国民健康保険に加入して市町村に保険料を支払います。健康保険組合や共済組合の場合、従業員である加入者本人に加え、本人に扶養されている家族つまり被扶養者は保険料負担なく保険に加入することができます。しかし、家族本人に一定額以上の収入があるとこの被扶養者から外れてしまい、自分自身で国民健康保険などの公的医療保険に加入し、保険料を負担しなくてはならなくなるのです。

公的年金についても同様の問題が発生します。これも第３章で詳しく学びますが、日本の公的年金は国民全員が加入する国民年金（基礎年金）と、会社員や公務員などが加入する厚生年金の二層制となっています。そして厚生年金加入者の配偶者は国民年金に保険料負担なしで加入できることになっています。これは専業主婦など会社員を家庭で支える配偶者の保険料負担を厚生年金が負担する制度です。例えば、夫が会社員で厚生年金に加入している場合には、被扶養者である妻は保険料なしで国民健康保険に加入できるのです。しかし、これもやはり配偶者自身の収入が一定額を超えると被扶養者から外れることになっています。その場合、妻は自分自身で国民健康保険に加入し保険料を支払う必要がでてくるのです。「壁⑥　社会保険の壁」とは、公的医療保険や公的年金の被扶養者から外れ、自分自身で社会保険料（公的医療保険の保険料や年金保険料）を支払わなければならなくなる収入額なのです。

	収入→	
所得税	非課税　壁①	課税
住民税	非課税　壁②	課税
扶養控除・配偶者控除	適用　壁③	適用外
配偶者特別控除		適用　壁④ 減少　壁⑤ 適用外
社会保険料	なし	壁⑥　発生

図２-12　収入をめぐる様々な壁

このように収入をめぐっていくつかの壁があり、まず、自分に税金がかかるかどうか、誰かの税金が増えるかどうか、そして、社会保険の扶養対象から外れるのかどうか、の観点からの留意が必要です。この壁をめぐっては収入額等の見直しも頻繁に行われ、さらに制度のあり方そのものの議論もあります。長い意味でのキャリアを考えた時には、税や社会保険料負担のために働き方を抑えるのはおすすめしませんが、一度退職して再び働き始めるとか、パートに少し出ようかなと思った時に、現実問題として働き方によっては税金が増えたり社会保険料が発生したりしてしまうので、やはり頭には入れておかなければならない問題でしょう。

4　税務調査

最後に税務調査の話をします。すでに学んだように日本は自分が納める税金の金額を自分で申告する申告納税制度を採用しています。もちろんこれは、国民がきちんと申告してくれることを前提にして成り立っている仕組みです。社会から受益を受ける構成員がその会費である税金を負担することは当然のことであり、社会のあり方という意味でも申告納税制度というのは非常に優れた方式です。

ただ、ズルをする人がいては不公平ですから、税務調査という調査が入ることがあります。これは税務署の職員が書類の提出を求めたり、実際に納税者のところに訪問して申告内容が正しいかどうかを調査するものです。申告する義務があるのに申告していない、申告しているけれども内容に誤りが認められる場合には、期限後申告や修正申告を求められます。また納税者自らが修正を求める修正申告ではなく、税務署が自ら調査をして税額を決定する更生決定という処分が行われることもあります。内容の重大性に応じてペナルティに相当する加算税や利息に相当する延滞税が課せられ、正しく申告した場合に比べて重い負担になります。不公平がまかり通ることのないよう、税務署はそういう仕事もしているのですね。

第３節　消費や財産にかかる税

1　消費税

 消費税とは

消費税は皆さんにとってもっとも身近な税でしょう。消費税は国に対して納められる税で国税です。そして、自分で直接納めるのではなく、買い物をする時に代金と一緒に支払い、それを受け取ったお店や事業者が計算をして税務署に納めてくれます。つまり間接税です。また物を買ったり、レストランに行ってご飯を食べたりという消費に対して課税されるものなので、消費課税という分類になります。消費税は国内における商品の販売、あるいはサービスの提供に関して広く課税されています。税にはその使い道を決めて課せられるものと、決めないで課せられるものがあります。例えば、これまで見てきた所得税や住民税は使途が決まっていません。国や地方公共団体が予算を作る時に使い途を判断するのです。

ところが、消費税は法律で「こういうことに使いますよ」ということが決められています。消費税は何に使うと決められているかというと、社会保障と少子化対策のための経費に充てられることになっています。社会保障とは、年金や医療、あるいは介護といった分野の政策です。少子化対策とは子育て支援を充実させたり、保育園の数を増やすといった政策です。少子高齢化を迎えている日本では、社会保障や少子化対策にお金が必要ですから、消費税はそのために使うと決まっているのです。なぜ消費税だけこのように使途を決めているかというと、消費税は税の中でもほぼすべての人に対して課せられる税だからです。どんなに収入が少なくてもご飯を食べていかなければなりませんから、消費というのは必ず発生します。またお年寄りであっても、若い人であっても、同じように最低限の消費は必要ですから、誰にとっても非常に身近な税です。身近であるということは、その税収は相当な金額になっています。それをほぼすべての人がお世

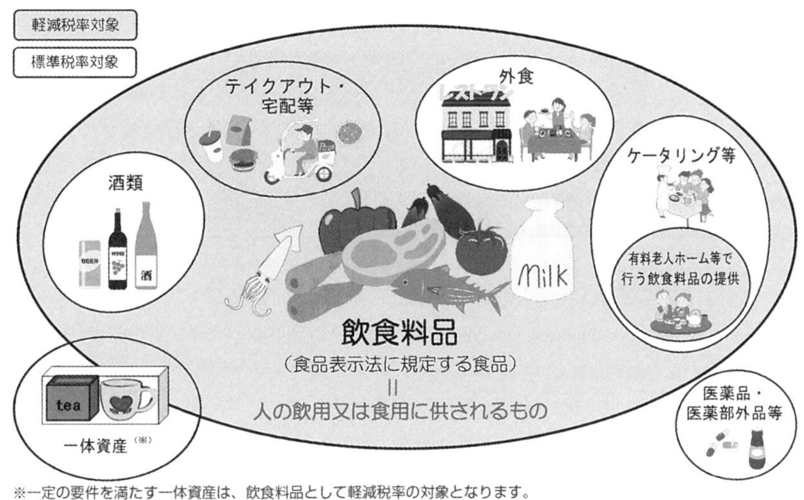

図 2-13　軽減税率の対象となる飲食料品の範囲

出所：国税庁 HP『よくわかる消費税軽減税率制度』
https://www.nta.go.jp/taxes/shiraberu/zeimokubetsu/shohi/keigenzeiritsu/pdf/0018006-112.pdf

話になる年金や医療、介護、そして少子化対策という一番身近な受益のところに使っていこうという考え方です。

消費税の税率は二つの異なる率が適用されていることを知ってる人も多いでしょう。現在、税率は基本10%ですが、飲食料品など日常生活に必ず必要になるような品については8%の軽減税率が適用されています。ただ同じ食べ物でもお酒や外食、ケータリングなどのちょっと贅沢なものには、普通の税率が適用されています。人が生きていくために最低限必要なものについては、負担を軽減しているのです。

ここで覚えておかなければならないのは、この10%や8%の税率すべてが消費税ではないということです。実はこの税率の中には、地方消費税という税金が含まれています。消費税というのは国税ですが、地方消費税は地方税、つまり地方公共団体のお財布に入る税金です。これは消費そのものにかかる税金ではなく、消費税額にかかっています。消費税の金額に対してさらに税金がかかっているわけです。現在は10%のうち国税である消費税は7.8%、地方消費税は2.2%です。軽減税率の場合は6.24%の消費

表2-5　消費税の税率

区分	標準税率	軽減税率
消費税率	7.8%	6.24%
地方消費税率	2.2% (消費税額の22/78)	1.76% (消費税額の22/78)
合計	10.0%	8.0%

税と1.76%の地方消費税を合わせて8%です。ですから厳密に言うと、消費税の税率は7.8%と6.24%、地方消費税を含めた税率が10%と8%ということになります。普段は支払っている消費税の内訳までは気にすることがないので知らない人もいらっしゃるでしょう。この消費税の10%には、地方消費税という別の税金が含まれていることを覚えておいてください。

2　消費税の負担と納付

私たちはスーパーやネットショップなどの小売業者から物を買うのが普通です。でもよく考えると、スーパーやネットショップを含めた小売業者も、どこからか物を仕入れているはずです。そうすると仕入れる時にも当然、消費税がかかっています。小売業者が物を仕入れるのは卸売業者からですが、さらにその卸売業者も製造業者が工場などで製造した商品を仕入れています。その時にも消費税はかかっているはずです。例えば、洋服の卸売業者は、実際に工場で洋服を作る製造業者から洋服を仕入れますが、その際に消費税を支払います。洋服の製造業者は卸売業者から受け取った消費税を税務署に納めます。さらに卸売業者は洋服を小売業者に売ります。小売業者はその際に卸売業者に仕入れた洋服の代金にかかる消費税を支払います。つまり卸売業者は、製造業者から洋服を仕入れる時に消費税を支払いますけれど、それを小売業者に売る時に消費税を受け取ります。支払う消費税と受け取る消費税の両方があるわけです。卸売業者は、受け取った消費税と支払った消費税の差額を税務署に納付します。

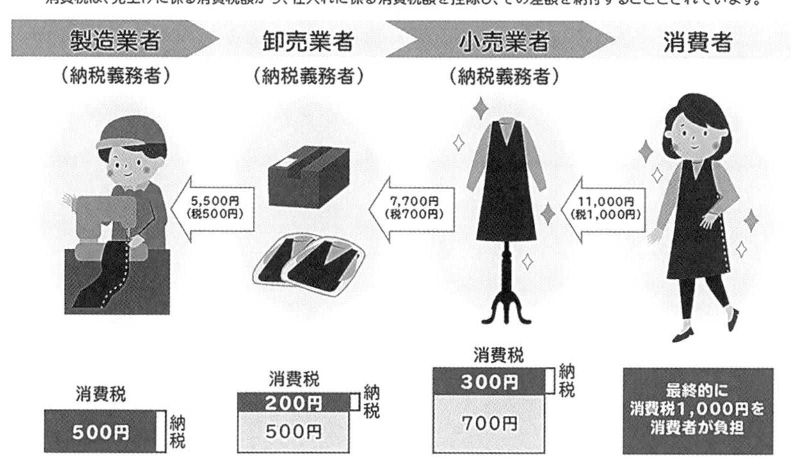

注）事業者の負担軽減のため、基準期間の課税売上高が1000万円以下の事業者は免税事業者となる。

図2-14　消費税の仕組み

出所：財務省HP
https://www.mof.go.jp/tax_policy/publication/brochure/zeisei0110/05.htm をもとに作成。

小売業者も同じです。小売業者は消費者である客に洋服を売る時に消費税を受け取りますが、自分は卸売業者から洋服を仕入れる時に消費税を支払っています。受け取った消費税と支払った消費税の差額分を納付するわけです。つまり最終的には、消費者である客が洋服の価格に10%を乗せて支払っているので消費者が負担しています。しかし、実際に税務署へ納税するのは製造業者、卸売業者、小売業者で、預かった消費税の額と支払った消費税の額を差し引きして申告するようになっています。

税を納付する義務を負う人を納税義務者といいますが、消費税の納税義務者は、消費者のもとに商品が行き着くまでに消費税を受け取ったり支払ったりする製造業者、卸売業者、小売業者などの事業者なのです。これらの事業者は消費税を支払う一方で預かり、預かった消費税額と支払った消費税額の差額を税務署に納付しているだけですから、実質的な負担はしていません。消費者に行き着くまでに消費税を支払ったり預かったりする事業者はそれを相殺して、次の段階・次の段階へと負担を回し、最終的には消費者が負担をします。こういう仕組みを転嫁といいます。

そのような仕組みですから、消費者である私たちは簡単です。物を購入する際にその価格に10%もしくは8%を乗じた額を支払うだけです。次々と転嫁をして、最終消費者に負担を求めるという制度ですが、納税義務者である事業者が納付する消費税の税額は、実際には非常に複雑な計算をしなければいけません。ですから事務負担の軽減ということもあり、売上高（課税売上高）が1000万円以下の事業者は消費税の申告納付が免除されています。このような事業者を消費税の免税事業者といいます。

3 地方消費税

地方消費税は地方税です。地方税の中でも都道府県に入る都道府県税です。どのような仕組みになっているかというと、消費税10%の場合は2.2%分が地方消費税なので、納められた消費税の中から地方消費税分が、国から各都道府県に配分されます。でも、私たちは必ずしも住んでいるところでだけ買い物をするわけではありません。色んなところで買い物をしますよね。遠くのデパートに行って物を買うこともあるでしょう。その時に支払う消費税の中から、どうやって地方消費税分を個々の都道府県に配分するのでしょうか。これには消費に関連する、人口と消費額についての統計が利用されています。そしてその統計数値に基づいて、都道府県ごとの人口と消費額の割合に応じて、集まった地方消費税を各都道府県に配分しています。ですから、人口や消費が多い都道府県ほど地方消費税が多く配分されることになります。どんな都道府県の消費が多いかというと、デパートや飲食店などの商業施設の多いところということになります。住んでいる人の数だけではなく、その都道府県内でどれだけの消費が起こったかということを加味して計算されますから、やはり大都市のある都道府県は人口も消費額も多く、地方消費税もたくさん配分されます。そして都道府県税である地方消費税は都道府県にしか入らないのかというとそうではなく、各都道府県では、配分された地方消費税の２分の１を市町村に交付しています。市町村に交付する際には、人口と従業者数、つまりその市町村の人口と、様々な事業所などで働いている人の数に応じて配分をすることになっています。

表2-6　消費税率の推移

―	税率
【創設時】 1989年4月1日	3%
1997年4月1日	5%（国4%＋地方1%）
2014年4月1日	8%（国6.3%＋地方1.7%）
2019年10月1日	標準税率10%（国7.8%＋地方2.2%） 軽減税率8%（国6.24%＋地方1.76%）

地方消費税の使途ですが、消費税と同じく社会保障や少子化対策のために使われます。社会保障や少子化に関しては都道府県や市町村も多くの仕事をしています。保育所の整備や運営も市町村が行っていますし、国民健康保険という公的医療保険の運営も都道府県と市町村です。介護保険も市町村が運営をしています。社会保障などの分野には国だけではなく地方公共団体でも多くの経費がかかっていますので、地方消費税はその財源となっているわけです。

1989年に日本で初めて消費税が導入された際、その税率は3%でした。1997年に地方消費税が導入された際に5%に、その後8%の時期を経て2019年から現在の10%です。どこまで上がるんだろうと不安に思う人もいるかもしれませんが、現在の日本は、社会保障などにかかる費用がどんどん増えています。年金・医療などの私たちの受益にお金が相当かかるようになってきているのです。

収入にかかる税である所得税や法人税は応能負担の原則のもと、能力の高い人にはたくさん負担をしてもらうという税です。その考え方でいくと消費税のようにすべての人にかかる税はできるだけ小さくして、負担能力の高い人、つまりお金持ちや儲けた企業により多くの所得税や法人税を負担してもらうという考え方もあります。しかし、誰もがお世話になる社会保障のような受益の財源は、やはり薄く広く負担をしていく方が公平感が高いのではないかと考えられています。お金持ちだけから多くの所得税をいただいて、それをほとんどの人がお世話になる社会保障に回すのではなく、みんなで少しずつ負担をし、それが社会保障サービスとして返ってくるようにしなければ、やはり公平感が得られないのではないかということです。ですから、社会保障に要する経費が多くなってきた近年では、消費税のような身近な税でそれを賄っていくべきだという考え方のもとに、消費税率が上がってきているのです。

外国では、やはり社会保障が充実している国ほど消費税の税率も高いところが多いです。例えば、スウェーデンやノルウェーなどの北欧の国々は、ゆりかごから墓場までといわれるように、非常に社会保障制度が充実しているとされますが、その代わり消費税の税率は非常に高いです。つまり国民が受ける受益、それにかかるコストに応じて、消費税のように薄く広く負担を分け合う税の負担は多くならざるを得ないのです。

2　相続税・贈与税

1 相続税

相続税は、亡くなった方の財産を受け取った人にかかる税です。相続税は国に対して納める国税で、税を課せられた人が直接税務署に納める直接税であり、受け取った財産に対して課税をされますので資産課税です。

皆さんが相続税のことを考えなければならない時はもっと先かもしれません。社会の担い手になった時というよりは、皆さん自身が年齢を重ねて親族などを亡くすことが起こった時に、財産を相続して相続税の課税が発生する可能性が出てきます。ですから、こんな税もあるんだなと頭に入れておきましょう。

相続というのは亡くなった方の法定相続人が財産を取得することです。親が亡くなったとしたら子どもや孫、あるいは子どもが亡くなった時には親も法定相続人になります。亡くなった人の法定相続人は民法で詳細に定められています。民法で定められているので法定相続人というのです。その法定相続人が、亡くなった人の財産を取得した場合が相続です。そうではなく、亡くなった人が法定相続人以外の人に財産をあげたいと遺言書に書いていた場合は、その人が財産を取得することになります。この場合は相続ではなく遺贈といいます。遺言によって贈る、ということですね。この遺贈の場合も相続税がかかります。

一方で相続税には基礎控除額というものがあり、その控除額の範囲内であれば税金がかかりません。相続された財産の合計額が基礎控除額を超える場合に課税されます。

民法で定められた相続割合（法定相続分）

民法で定められた法定相続人ですが、亡くなった方（被相続人）の配偶者は常に相続人になります。そして子どもも常に相続人になります。まず配偶者、そして子どもが第一順位、つまり一番近い相続人です。次に被相続人の両親、つまりおじいちゃんおばあちゃんが第二順位の相続人になります。こうした縦の血縁関係を直系といいます。実の親、実の子という関係です。直系のうち自分よりも世代が上、つまり親・祖父母・曽祖父母を尊属、自分よりも下の世代の子・孫・ひ孫は卑属といいます。親や祖父母、曽祖父母は直系尊属であり子や孫は直系卑属です。被相続人の兄弟やその子（甥や姪）は直系ではなく傍系となり、やはり血縁関係にあるので傍系血族といいます。傍系血族である兄弟姉妹は第三順位になります。直系が優先され、卑属が第一、尊属が第二。傍系の兄弟姉妹、あるいはその子どもである甥や姪にも財産が相続される可能性がありますが、これは第三順位になっています。

民法ではこうした法定相続人の範囲と相続の順位のほか、財産の分け方についても定めています。例えば配偶者と子どもがいた場合、常に相続人となる配偶者が財産の２分の１を相続し、その残りを直系卑属である子どもの数で割ることになっています。子どもが二人の時は、配偶者が半分と子どもは半分をさらに半分ですから４分の１ずつ。子どもが三人だった場合には、配偶者が半分で残りの２分の１を三人で割るので子どもは６分の１ずつになります。では子どもがいなかったらどうなるかというと、直系尊属つまり被相続人の父母が存命である場合は、配偶者が３分の２で、父母が合わせて３分の１です。直系尊属がいなかったらどうかというと、こ

図２-15　法定相続人の範囲と順位

の段階で傍系血族である兄妹姉妹の相続分が発生します。この場合は配偶者が４分の３、兄弟姉妹が合わせて４分の１と決まっています。このように民法で定められた相続の割合を法定相続分といいます。

ただ、常に法定相続分どおりに相続しなければならないかというと、そうではありません。被相続人、つまり亡くなった方がちゃんとした形式で遺言書を書いていれば、その遺言書の通りに相続することになります。また法定相続人どうしで相続の割合を相談して変えることも可能です。必ず法定相続分どおりにしなければならないということではなく、あくまで目安を定めたもので、故人が遺言書を残しておくことで相続人や相続の割合を変えたり、法定相続人どうしで話し合いによって相続の割合を変えたりすることができます。被相続人の遺言書には、法定相続人ではなく、遺贈という形で第三者に財産を残したいというものもあります。遺言書が正式な効力を持つものであればもちろん有効ですが、その場合でも配偶者や子

① 配偶者と子どもが相続人である場合
配偶者 1/2　子ども（2人以上の時は全員で）1/2

② 配偶者と直系尊属が相続人である場合
配偶者 2/3　直系尊属（2人以上の時は全員で）1/3

③ 配偶者と兄妹姉妹が相続人である場合
配偶者 3/4　兄弟姉妹（2人以上の時は全員で）1/4

図2-16　法定相続分

ども、直系尊属には一定の財産を相続する権利があり、これを遺留分といいます。

課税対象となる財産

相続税の課税対象となる財産を相続財産といいます。実は相続というのは、お金や家、土地といったプラスの財産だけではありません。例えば亡くなった方が借金を抱えていた時には借金も相続しなければならないのです。相続するということはプラスの財産とマイナスの財産を全部相続するということです。相続税の対象となる相続財産の額を計算する時には、プラスの財産からマイナスの財産を差し引きます。また相続したとしても相続税の課税対象にはならない財産もあります。例えば、お墓や仏壇などは相続財産にはなりません。亡くなった方が着ていた服や身につけていたアクセサリー、時計、これらは亡くなった方の形見の品みたいなものですね。こういったものも相続財産にはなりません。ですから、プラスの財産からマイナスの財産を引いて、そして課税対象外の財産を引き、それが相続税の課税対象となる財産、つまり正味の相続財産となります。

税額

プラスの相続財産からマイナスの相続財産を差し引き、さらに課税対象外となる非課税財産を差し引いた財産の時価を課税対象として相続税が課

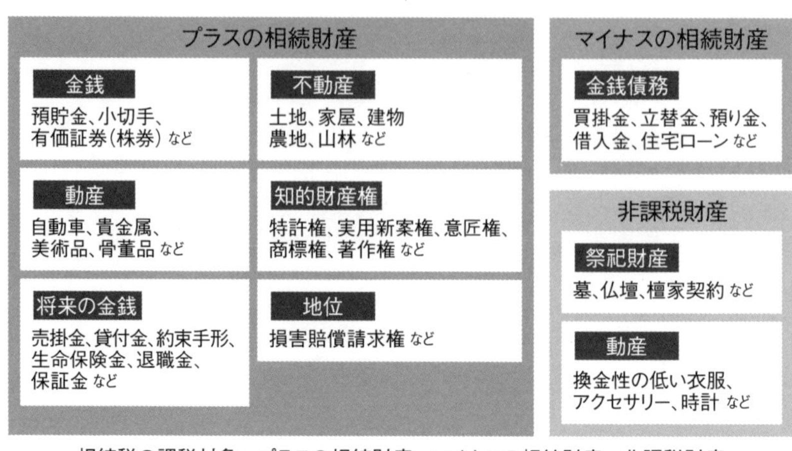

図 2-17　相続財産の分類

税されますが、必ず相続税がかかるかというとそうではありません。基礎控除、つまりここまでは相続税がかかりません、というラインがあるのです。基礎控除額は法定相続人の数によって決まり、法定相続人の数が多いほどその額は高くなります。亡くなった方が財産を残したとしても、課税対象となる相続財産が基礎控除額の範囲内であれば相続した人に相続税はかかりません。逆に基礎控除額を超えると相続税の課税対象になります。これを聞くと相続税はお金持ちにしかかからないというイメージを持たれるかもしれません。ですが相続財産にはもちろん亡くなった方が所有していた家なども含まれますから、都会だと家族で住んでいた家だけで相続税が発生することも十分あり得るわけです。

納付する相続税の金額の計算ですが、まず民法で定められている法定相続分通りに相続したと仮定して相続税の課税対象となる相続財産と税額を計算します。税率は所得税と同じように超過累進税率となっており、相続財産の価格が大きくなればなるほどその部分には高い税率が適用されます。それで計算をした相続税の総額をもとに、実際は法定相続分どおりにそのまま相続しているとは限りませんから、実際に相続した人の相続額に応じてその税額を按分します。遺贈で法定相続人ではない人が相続するこ

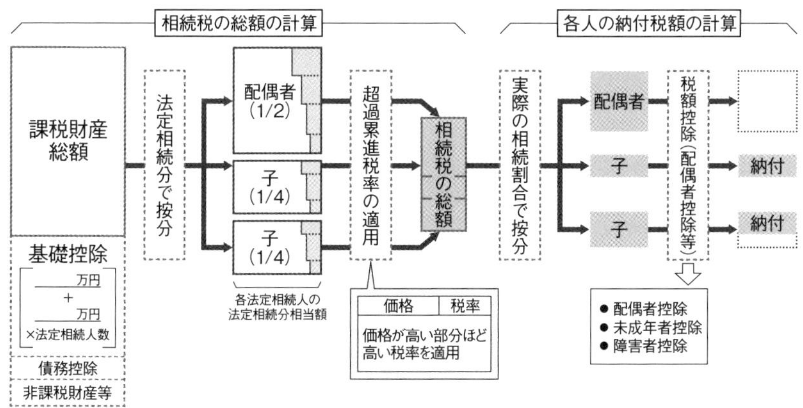

図2-18　相続税の仕組み

出所：財務省 HP
https://www.mof.go.jp/tax_policy/publication/brochure/zeisei0306_pdf/04.pdf をもとに作成。

ともありますが、その場合も、実際の相続額に応じて相続した人が税を負担する仕組みになっています。なお、相続した人が配偶者、父母、子ども以外の場合には税額の加算があります。

相続税の税額控除

相続人ごとに負担する税額が決まったら、次に税額控除の適用がある場合があります。特に配偶者には配偶者控除という税額の軽減措置があり、相続税がかなり軽減されます。未成年者の場合には未成年者控除、障害(がい)者の場合も障害者控除と、それぞれ税額控除が受けられる制度があります。

申告と納税

相続税は相続をした人が自分で申告をしなければなりません。また大変なのは相続税の申告は被相続人が亡くなった日の翌日から計算して10カ月以内にしなければいけないということです。誰かが亡くなると、家族は葬式や故人に関する様々な整理などで忙しくなります。さらに悲しむ間もなく10カ月以内に相続の割合を決めて、相続税の計算をして税務署に申告をし、納税するお金も用意しなければならないのです。亡くなった方が有効な遺言書を残していればそのとおりに相続を進めることになりますが、遺言書がない場合やその内容に疑義がある場合には、その10カ月の中で法定相続人など関係者と相続の割合を決めるところから始めなければなりません。ですから非常にタイトなスケジュールです。

また、例えば家族で住んでいた家が相続財産のほとんどだったという場合には、相続税を支払うための現金がないということも考えられます。ですから相続税の場合には、どうしても現金で支払えないという場合には、相続した財産そのもので税を納めるという物納も認められています。一度にたくさんのお金を用意するのが困難なので支払う期日を延ばしてくださいという延納の申請も可能です。延ばしてもらえば、相続した財産を売却して現金化することもできるでしょう。ですが、この場合には利子税という利子に相当する税金が追加されます。

2　贈与税

相続税によく似ている税として贈与税という税があります。亡くなった人の財産を取得した人にかかる税が相続税ですが、生存している人から財産を受け取った場合にかかるのが贈与税です。

相続税というのは、亡くなった人がその生涯をかけて取得した財産が誰かに相続され、相続する人は自分で稼いだものではない財産を手に入れるわけですから、社会のためにその一部を税として納めてもらおうという制度です。しかし、亡くなっていない人から財産を手に入れることももちろんあり得ることです。誰かから何かをもらったという場合ですね。相続は財産を持っている人が亡くならなければ発生せず相続税も課税されないので、それを補完する役割として贈与税があります。誰かからお金や物をもらった場合には、贈与税がかかる可能性があることを覚えておいてください。

ただ、贈与税にも基礎控除額があり、数千円のお年玉をもらったぐらいで贈与税がかかることはありません。贈与税の基礎控除額がいくらかとい

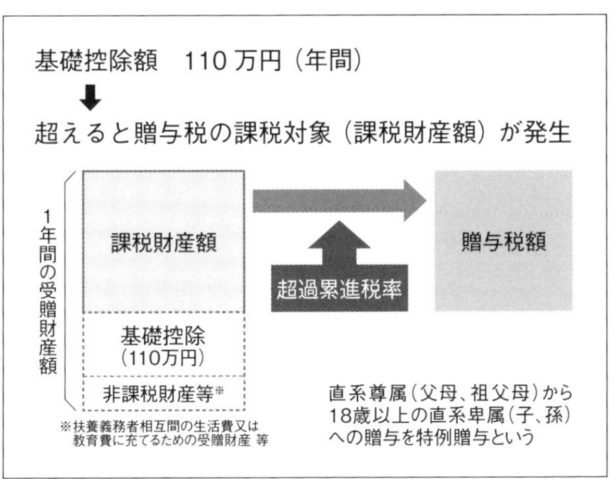

図2-19　贈与税の仕組み

出所：財務省HP
https://www.mof.go.jp/tax_policy/publication/brochure/zeisei0306_pdf/04.pdfをもとに作成。

うと、現在は年間110万円です。一人が年間に贈与された財産の額が110万円を超えると贈与税の課税対象になります。ただ贈与税にも非課税財産があり、家族間で生活費を渡した場合など、扶養義務者相互間の生活費や教育費に充てるために受け取った財産などが当てはまります。例えば、夫婦で一緒に生活していて生活費として月10万円渡している、こういう場合は日々の生活を一緒にする家族なら当たり前のことですから、贈与税の対象にはなりません。お小遣いも、親は扶養義務があるので、子が親からもらったお小遣いはカウントしません。しかし、扶養義務がない、つまり同居の家族ではないおじいちゃんやおばあちゃんは、生活を一緒にしてないので、第三者からもらうのと同じになります。それらを足した金額が年間で110万円を超えると課税対象となる課税財産額が発生します。例えば年間合計で120万円もらったとしたら、基礎控除額は110万円なので10万円の課税対象が発生します。課税財産額の金額に応じて、これも超過累進税率が適用されます。

ただ血縁関係のない人からの贈与よりも、直系尊属である父母あるいは祖父母から、十八歳以上の直系卑属、つまり子どもや孫に贈与した場合の贈与の方が、贈与税の税率が低く優遇されています。このような贈与を特例贈与といいます。

なぜこのような制度があるのかというと、例えば、祖父母がいつか亡くなった場合には子は必ず法定相続人になります。いつの日かその子が亡くなったとしたら孫はやはり法定相続人になります。つまり直系尊属から直系卑属へは、いつかは相続が発生することになります。それだったら生きているうちに渡したいという気持ちになることもあるかもしれません。直系卑属に対する贈与だけは特例贈与として税率を低くすることによって、生きているうちに財産を子や孫に渡す場合には贈与税を少し軽減するようにしているのです。

相続時精算課税制度

相続税と贈与税というのは、親と本人との関係でいえば、亡くなってから相続するか、亡くなる前に贈与してもらうかという関係にあります。生前に贈与してもらった時の贈与税を軽減し、将来相続が発生して相続税を支払う時に、すでに支払った贈与税の額を相続税の額から差し引くという制度があります。これを相続時精算課税制度といいます。親が生きている間に子や孫に財産を渡したいという時に、贈与を受ける子や孫がこの制度を使いますよと税務署に申し出ることで、贈与税が軽減されます。そして親が亡くなって子や孫が財産を相続し相続税の計算をする際には、相続税額から既に支払った贈与税を精算するという制度です。生前の贈与をしやすくするための制度ですが、こういうものもあります。

父母・祖父母から子・孫への生前贈与について適用できる制度

贈与時の贈与税を軽減
その後相続時にその贈与財産とその他の相続財産を合計した額をもとに計算した相続税額から既に支払った贈与税額を控除

図２-20　相続時精算課税制度

第3章

社会保障の基礎知識

第1節　総論

1　社会保障の意義

本章では社会の構成員にとっての受益と負担のうち、私たちが社会から受ける受益の中心ともいえる社会保障制度について学んでいきます。私たちが社会から受ける受益には多くの公共サービスがありますが、生涯にわたってずっとその受益を受け続けるサービスの一つとして社会保障があります。社会保障とは年金や医療・介護、そして子育て支援など幅広い公共サービスの集合体ですが、どうしてこのようなサービスを社会が個人に提供しているのでしょうか。

当たり前のことですが、私たちは社会に出て、一人の個人として社会の担い手になっていきます。どういう人生を選択しようとそれは自分の自由です。しかしその代わり、自分の人生については自分で責任を持つ、何か困ったことが起こったとしても自分の力で対処するのが社会の基本です。日々の生活についても同じです。自分の責任で生活を営んでいくのが社会の基本です。自分のことは自分ですることを自助といいます。自助が私たちの社会の基本であることは紛れもない事実です。

しかしそうは言っても、人生の中では自分の努力だけでは解決できない出来事が、予想できない形で襲ってくることがあります。例えば、病気になってしまう、あるいは大きな障がいを抱えた状態になってしまう。また元気に働いていたとしても、自分には何の過失もないのに会社が倒産をしてしまって仕事を失う。これらは決して他人事ではなく、長い人生の中でいつ自分自身の身に降りかかってくるかわかりません。また動かすことのできない事実として、人は誰しも年を取って高齢になります。高齢になると体が弱くなり、働けない状態になる可能性も高くなります。こうした病気や障がい、年を取ることや失業のような、自分の努力だけでは避けようがない出来事が現実にあり、それは人生のどの段階で起こるかわかりません。そしてこれは誰にでも起こり得ることなのです。こうした自分の努力

一人ひとりが自分の責任で生活を営むのが社会の基本（自助）
しかし、人生には自分の努力だけでは解決できないことも
　例：病気、障がい、失業、高齢化…

社会で個人を支える仕組みが必要（共助・公助）

図3-1　社会保障の意義

だけではどうしようもない状態となった個人を、社会の構成員全体で支えていこうという仕組み、さらには社会で直接個人を支えていく仕組みが社会保障なのです。

社会を構成する構成員がともに困った時に支え合うことを共助、そして国や地方公共団体が直接個人を支えることを公助といいます。社会保障は、自助では乗り切れない困難を抱える個人を、共助、あるいは公助で支えていく仕組みなのです。こうした共助と公助の仕組みを社会として用意しておくことにより、構成員である個人は安心して生きていくことができます。いざという時に社会が個人を支える仕組みを持つことで、みんなが安心して人生を送れるようにする。これが社会保障の意義なのです。

2　社会保障制度の概要

社会保障に関する制度は国が中心となって整備しています。社会保障の内容はどこの国でも同じかというとそうではありません。国によってその内容や仕組みはまったく違います。社会保障がほとんどない国もありますし、逆に充実している国もあります。社会としてどこまで社会保障を充実させるかは、その国の選択ということになります。

日本は憲法で「すべて国民は、健康で文化的な最低限度の生活を営む権利を有する」（憲法25条第1項）と定め、国民の生存権を保障しています。そしてそれを実現するために「国は、すべての生活部面について、社会福

祉、社会保障及び公衆衛生の向上及び増進に努めなければならない」(同第2項）として、国に社会保障などの充実を行う責務が課せられています。日本国民は、どういう状態にあっても健康で文化的な最低限度の生活、そんなに贅沢ではないけれど、健康でちゃんと生きていけるだけの生活をしていく権利を憲法で保障してもらっているのです。それを実現するため国は社会保障などの充実に努めなければいけないとされています。国民一人ひとりの生活の安定が何らかの事情で損なわれた場合にも、安心できる生活を保障するために、社会全体の責任で個人の生活を支える給付を行っていく制度が社会保障制度なのです。まさに社会全体で個人を支える制度で、個人から見れば社会から受ける受益の制度です。

私たちは病気やケガの時にはいつでも病院に行って、低い自己負担額で医療を受けることができる公的医療保険に加入しています。公的医療保険という制度があるからこそ、非常に低い負担で医療を受けることが可能になっています。また誰でも年を取りますが、一定の年齢に達した時には、その後の生活を維持していくための年金（公的年金）が支給され、生涯にわたって生活を支えてくれます。体が弱って一人では生活が困難になり介護が必要になった時には、介護保険によって低い自己負担額で介護サービスを受けながら生活を維持することが可能です。

まだ若いから社会保障は関係ないかというと、そうではありません。自分の意に反して会社が倒産して職を失うということだって、人生の中で起こる可能性があります。失業したらその瞬間からお給料が入ってこなくなります。つまり生活が脅かされますが、その時には雇用保険が生活を支えてくれます。雇用保険はいざ失業した時に、次の仕事を探すまでの間、今までもらっていたお給料に代わる生活費を支給してくれる制度です。急に失業した場合でも、この雇用保険によって次の仕事を探すまでの期間は生活を維持することができるのです。

家庭を持ち子どもができた際に自分が働き続けるためには、一時的に子どもを預かってもらったり家事を助けてもらうといった、仕事と家庭を両立させるためのサポートが必要です。現在は2世帯、3世帯という大家族は少なくなってきました。そういう場合でも、子どもを預けて働きに行けるよう、保育所などが整備され、その費用を支援する制度があります。こういう子育て支援のための制度は自分が働きやすい環境を実現していく、あるいは働くことを続けていくためには、どうしてもなくてはならないものです。こういった制度も社会保障のサービスとして用意されています。

国民生活を生涯にわたって支える社会保障制度

社会保障というと、年金や医療など、どちらかというと高齢になってからお世話になるものとイメージされがちですが、実は私たちは生まれてから死ぬまでずっと、様々な社会保障サービスの恩恵を受けて生きています。就学前から受けてきた予防接種や学校での検診も社会保障サービスとして実施されています。保育所や、放課後児童クラブなどの課外保育を利用した人もいるかもしれませんが、こうしたものも公的支援によって成り立っているサービスです。障がいを持って生まれてきた人、また出生後に障害を持ってしまった人には、生活を維持していくための障害年金や日々の暮らしを支える様々な支援サービスが用意されています。年金は老後にもらえるもの、というイメージが強いですが、若くても病気や事故で障がいを負ってしまったり、社会に出るまでの間に自分の生活を支えてくれていた人が亡くなってしまう、ということが誰にでも起こり得ます。年金はそんな場合にも障害年金や遺族年金を支給して生活を支えてくれる制度でもあります。

そして最後のよりどころとして、国が個人を直接支える公助の制度である生活保護制度があります。遠い将来に自分がどんな生活を送ることになるかは誰も予測できませんが、何らかの事情で生活が維持できない状態になった時には、最低限度の生活、つまり生存権を保障するための生活を維持するための費用は、生活保護制度によって給付されます。生活保護制度は、私たちが生きていくための最後の砦です。裏を返せば、私たちは最低限の生活をする権利を憲法で保障されていて、その保障を実現するための最後のセーフティーネットが生活保護制度なのです。

働こうという意欲のある人は職業相談や職業紹介といったサービスを受けることができます。ハローワークという機関の名前を聞いたことがあると思います。個人が生活していくための仕事を見つけることへの支援もま

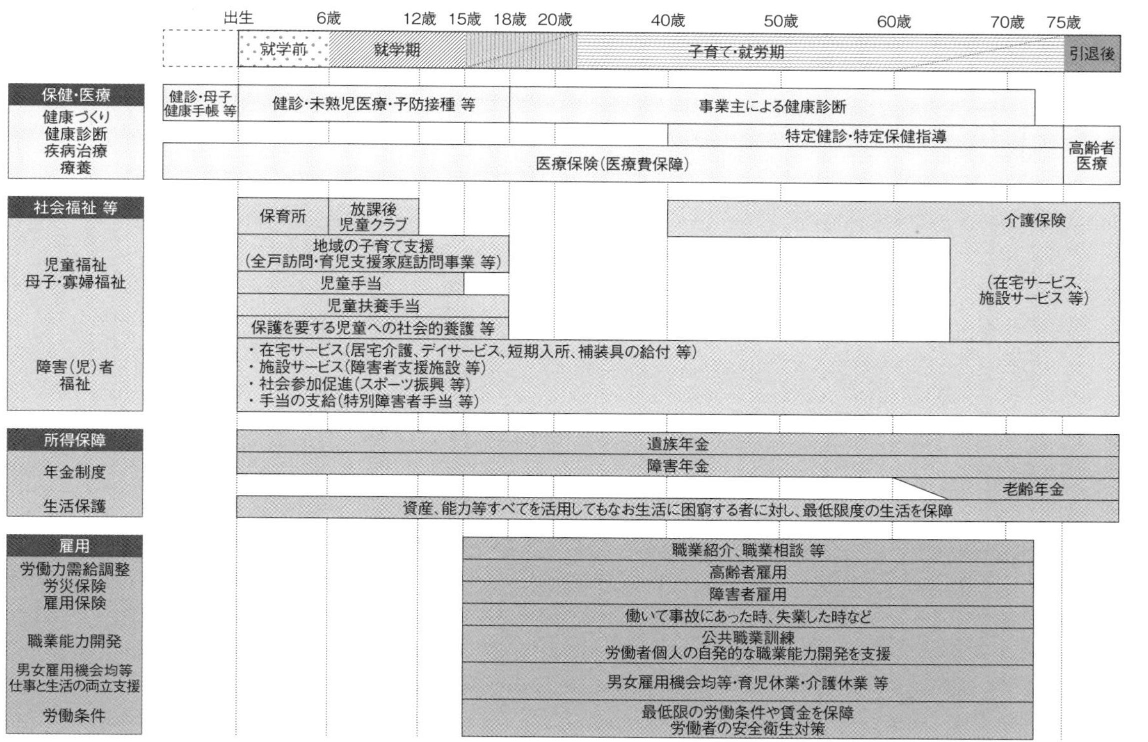

図3-2　国民生活を生涯にわたって支える社会保障制度

出所：厚生労働省HP　https://www.mhlw.go.jp/seisakunitsuite/bunya/hokabunya/shakaihoshou/dl/02.pdf をもとに作成。

た、社会保障サービスの一環として行われています。そして会社に雇用されて働き始めると雇用保険に加入します。もし会社が倒産するなど失業した時には、雇用保険から一定の期間、生活を維持するための給付があり、生活を安定させつつ次の仕事を探すことができるのです。また仕事をしている中では事故に遭うなどして怪我をしたり働けなくなる可能性だってあります。そういう時のために労災保険という制度があります。仕事をしていて怪我や障がいを負ってしまった場合にはこの制度で保障を受けることができます。

生まれた時から社会保障サービスを受けながら私たちは生きています。そして社会の担い手である社会人なってからも、ずっとそのサービスの恩恵を受け続けていきます。自分の将来にどのようなことが起こるのかは誰も正確に予測できませんが、社会保障制度があることによって、いざという時には社会保障サービスが助けてくれるのです。自分自身が生涯の中で実際にどの程度その受益を受けることになるかは誰も予測できません。ただ、いざという時には守られている、その安心そのものが社会保障制度から受ける大きな受益です。

3　日本の社会保障制度の特徴と変遷

1　日本の社会保障制度の特徴

私たちの国の社会保障制度にはいくつかの特徴があります。その一つは国民皆年金・国民皆保険です。国が運営する公的年金制度にすべての国民が加入します。つまり、すべての人が年金に入ることができるのです。日本で暮らしているとこれは当たり前のように感じるかもしれませんが、世界を見回すととても恵まれた制度です。また病院に行った時に窓口で支払うお金は実際にかかった医療費の３割程度です。これは誰もがどこかの公的医療保険に加入しているからです。日本では国民皆保険、つまり国民全員が公的医療保険に加入することが保障されています。すべての国民が公的年金や公的医療保険に加入できるのは、非常にレベルの高い社会保障制度ということができます。

① 国民皆年金・国民皆保険：すべての国民の年金、医療、介護をカバー
② 社会保険方式：「税金」と「保険料」によって制度を運営
③ ２本立ての制度：「サラリーマングループ」と「自営業者グループ」
④ 国と地方が連携：国、都道府県、市町村が役割と責任を分担して運営

図3-3　日本の社会保障制度の特徴

そして二つめの特徴は、社会保障サービスの運営に社会保険方式という制度が採られているということです。社会保険という言葉は第２章でも出てきました。これは社会保険という保険制度があるわけではなく、国が制度を作っている公的医療保険や公的年金、介護保険、雇用保険、労災保険を総称したものを指す言葉です。ただ社会保険方式というのは、こうした社会保障制度を運営していく仕組みのことを指します。

社会で個人を支えるための仕組みにはいくつかの選択肢があります。その一つは税金で運営する、つまり、税金で直接個人を支えるという方法です。生活保護制度はその方法を採用し、税金を個人への給付に充てています。そして、二つめの方法が社会保険方式です。社会保険方式とは、税金のみで個人への給付を賄うのではなく、その制度に加入している加入者が保険料という形でお金を負担し、その保険料と税金とを組み合わせて個人に支給する仕組みのことをいいます。つまり個人への給付の財源として加入者が支払う保険料と税金の両方を充てる仕組み、これが社会保険方式です。公的年金や公的医療保険は、この社会保険方式を採用しています。公的年金や公的医療保険は国民全員が加入することができますが、加入した国民は保険料を支払う必要があります。でも、実際に年金受給者に支給する年金や公的医療保険が負担する医療費は、加入者が支払う保険料だけでは足りません。ですからそこに税金を加えて運営しています。他の社会保険も同じ方式です。税金と保険料によって制度を運営する社会保険方式も、日本の社会保障制度の特徴となっています。

三つめの特徴は、企業などに勤めている会社員などのサラリーマングループと、企業などに勤務しない自営業者などのグループで、制度の仕組

みが異なる２本立ての制度となっている点です。これから公的年金や公的医療保険について見ていきますが、それぞれ制度が大きく二つに分かれています。第２章で見た税の制度でも企業などに勤めている給与所得者と個人事業主、いわゆるフリーランスの人たちでは、所得控除の制度や納税の方法が違いました。それと同じように日本の社会保障制度、特に公的年金や公的医療保険では、会社員かそうでないかによって制度がかなり違うのです。これは非常に重要なポイントです。職業や働き方によって自分に適用される制度が変わるということになります。

さらに四つめの特徴は、社会保障制度を運営する主体についてです。憲法では、国が社会保障を充実させなければならない責務を負うとされています。ですが、実際には社会保障制度の運営には国だけが関わっているわけではありません。地方公共団体である都道府県と市町村も大きな役割を果たしています。つまり国と地方公共団体が連携し、国も都道府県も市町村も社会保障サービスの提供に役割と責任を持っているのです。

日本の社会保障制度にはこのような特徴があります。

2　社会保障制度の変遷

日本の社会保障制度が持つこれらの特徴は、歴史的な経緯と密接に結びついています。現在の社会保障制度はずっと昔からあったわけではありません。第二次世界大戦後に順次整備されてきたものです。つまりそんなに長い歴史を持つわけではないということです。ではそれまではどうだったかというと、こういう制度がないので、自分に何か起これば自分で何とかする、もしくは家族に助けてもらう。つまり、自助が基本で誰かに助けてもらうしかなかったのです。

生活保護制度は終戦の翌年の 1946 年（昭和 21 年）にできました。日本は敗戦し、憲法もそれまでの明治憲法から今の憲法に変わりました。そして国民の生存権が保障され、国には社会保障を充実させるという責務が課せられました。当時は戦後の混乱期で日本は非常に貧しい状態です。生活に困窮する人があふれていました。貧困にあえぐ人々を救うため、最後の砦として生活保護制度が導入されたのです。

時代	社会保障制度
昭和20年代 戦後の混乱・生活困窮者の緊急支援	戦後の緊急援護と基盤整備（いわゆる「救貧」） 昭21 生活保護法制定 昭22 児童福祉法制定 昭23 医療法、医師法制定 昭24 身体障害者福祉法制定 昭25 制度審勧告（社会保障制度に関する勧告）

時代	社会保障制度
昭和30・40年代 高度経済成長・生活水準の向上	国民皆保険・皆年金と社会保障制度の発展（いわゆる「救貧」から「防貧」へ） 昭33 国民健康保険法改正（国民皆保険） 昭34 国民年金法制定（国民皆年金） 昭36 国民皆保険・皆年金の実施 昭38 老人福祉法制定 昭48 福祉元年 （老人福祉法改正（老人医療費無料化）、健康保険法改正（家族7割給付、高額療養費）、年金制度改正（給付水準引上げ、物価・賃金スライドの導入））

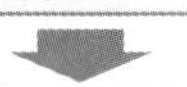

時代	社会保障制度
昭和50・60年代 高度経済成長の終焉・行財政改革	安定成長への移行と社会保障制度の見直し 昭57 老人保健法制定（一部負担の導入等） 昭59 健康保険法等改正（本人9割給付、退職者医療制度） 昭60 年金制度改正（基礎年金導入、給付水準適正化、婦人の年金権確立） 医療法改正（地域医療計画）

時代	社会保障制度
平成以降 少子化問題・バブル経済崩壊と長期低迷	少子高齢社会に対応した社会保障制度の構造改革 平元 ゴールドプラン策定 平2 老人福祉法等福祉8法の改正（在宅福祉サービスの推進、福祉サービスの市町村への一元化） 平6 エンゼルプラン、新ゴールドプラン策定 年金制度改正（厚生年金の定額部分の支給開始年齢引上げ等） 平9 介護保険法制定 平11 新エンゼルプラン策定 平12 介護保険開始 平15 次世代育成支援対策推進法制定・少子化社会対策基本法制定 平16 年金制度改革（世代間公平のためのマクロ経済スライドの導入等） 平17 介護保険改革（予防重視型システムへの転換、地域密着型サービスの創設） 平18 医療制度改革（医療費適正化の総合的な推進等） 平24 社会保障・税一体改革

図3-4　社会保障制度の変遷

出所：厚生労働省 HP　https://www.mhlw.go.jp/stf/newpage_21480.html

誰でも公的年金に加入できる国民皆年金、誰でも公的医療保険に加入できる国民皆保険がスタートしたのは1961年（昭和36年）です。これはまさに高度経済成長期に当たる時代です。戦後一生懸命に頑張って経済成長が軌道に乗り始め、国民の生活にも少しゆとりが出てきた時にようやく実現できたのが、この国民皆年金と国民皆保険です。誰でも公的年金に入れるようになり老後のことを心配しなくていい状態になりました。そして誰もが公的医療保険に加入して医療がちゃんと受けられるようになりました。

現在の社会保障制度の中でもっとも新しいものは介護保険制度です。介護保険がスタートしたのは2000年（平成12年）です。高度経済成長が終わり、今度は高齢化の問題が見えてくるようになりました。寿命が延びたこともあり、高齢者の数がこれからどんどん増えていくことが現実のものとなってきたのです。そこで介護保険制度が作られました。それまでは介護が必要な状態になると、病院でずっと入院させてもらうか、地方公共団体などが運営している特別養護老人ホームなどに入るかしかなかったのですが、その収容力は非常に限定されていたので、誰でも施設で介護が受けられる状態ではありませんでした。そして、結果的には家族に介護の負担が重くのしかかるようになっていったのです。介護保険制度ができたことによって、多くの事業者がデイサービスやショートステイなどの様々なサービスを提供するようになり、介護が必要な状態となっても充実したサービスを受けることができ、家族の負担も軽減されるようになりました。

こうして見ると、日本の社会保障制度が充実してきたのは長い日本の歴史から見るとつい最近のことです。社会保障制度が充実すると社会にどのような変化があるのでしょうか。どんな人でも最低限の生活は保障されているので、本当に生活できなくて餓死してしまう人や、野宿しなければならない人は減っていきます。社会保障制度が充実していない国では、全部自己責任ですから、ケガをして働けなくなったら、誰かに恵んでもらったり親戚を頼ったりしない限り生きていけなくなります。社会の構成員の貧富の格差も著しいものとなるのです。社会保障の充実によって社会のそういった格差が是正され、みんなが安心して暮らせるようになります。

また、社会保障制度は、その時その時で近い将来、さらにその次の将来がどうなるかを見据えて新しい制度を作ったり、既存の制度に変更を加えたりしてきています。社会保障制度は私たちが生涯にわたってお世話になるものです。生涯は長いですから、現在の若者が高齢者になる頃には社会も経済もその状況は大きく変わっているはずです。ですから、その時に困らないように、常に先取りして社会保障制度のあり方を考えなければなりません。

3　社会保険と民間保険

社会保険：公的年金・公的医療保険・介護保険・雇用保険・労災保険

日本の社会保障制度の特徴の一つに社会保険方式という運営方式があることはすでに学びました。社会保険方式というのは、社会保障サービスを税金と加入している人が負担する保険料によって運営する方式のことです。一方、公的年金や公的医療保険、介護保険、さらに雇用保険と労災保険まで合わせて社会保険と総称します。これらの制度はいずれも社会保険方式で運営されていて、税金と加入者の保険料によってサービスが提供されています。特に公的年金と公的医療保険は社会保険の代表格ですから、この二つのみを指して社会保険という場合もあります。

社会保険はよく出てくる言葉です。あとで詳しく学びますが、公的年金や公的医療保険は会社員などのサラリーマングループとフリーランスなどの自営業者グループで加入する制度が異なります。特にサラリーマングループの人が加入する制度は、本人の保険料の半分を会社が負担する事業主負担の制度があります。就職先を探したりする時に求人票に「社会保険あり」とか「社保完備」などと書いてあることがあります。これはその会社に就職すれば公的年金や公的医療保険などについてはサラリーマングループの制度に入れますよ、ということを意味しています。逆に「社会保険なし」は、サラリーマングループの制度には入れないので、フリーランスの人と同じ制度に加入してくださいという意味です。この意味をしっかり理解しておかなければなりません。社会保険という言葉自体は、公的年金や公的医療保険、さらに介護保険までを指したり、雇用保険や労災保険まで含めたものを指すこともあります。そしてこれらの制度の保険料すべてを総称して社会保険料ということがあります。給料明細から「社会保険料」として徴収されていたら、それは公的医療保険や公的年金などの保険料をあわせたものと考えられます。

社会保険と民間保険の違い

公的年金や公的医療保険、介護保険などの社会保険は、民間企業が提供する保険とは大きく異なります。民間企業が提供する保険はたくさんあります。○○生命のホームページを見てみると、年金保険、医療保険や介護保険といった商品を見つけることができるでしょう。年金というのは、長生きというリスクに対応して年を取った時に給付を受けるという一種の保険ですが、民間企業でも提供しているのです。医療保険や介護保険も病気や介護状態になるというリスクに備えるものですから、やはり保険商品が作られています。しかし、これらは国の社会保障制度によって提供される公的な保険である社会保険とは大きな差異があります。

社会保険と民間保険の最大の違いは何かというと、法律で加入が義務づけられているかどうかです。日本は国民皆年金なので誰でも国民年金に加入できますが、実は、みんな加入してくださいねと法律で加入が義務づけられています。また国民皆保険ですから誰でもいずれかの公的医療保険に加入できますが、これも加入しなさいと義務づけられています。これは、みんなで支え合う共助の制度であるとともに、そうしなければ自分が困るからです。老後の生活に窮したり病院に行けなくなっては困るからです。このように社会保険は社会全体で維持していくサービスなので、法律で加入が義務づけられています。

国は信用できないから、公的年金ではなく民間の年金保険に入ろうという人もいるかもしれませんね。義務に反して我が道を行くのもそれは自分の選択ですが、実は、社会保険と民間企業が提供している保険の仕組みはまったく違います。その違いを理解しておかないといけません。

民間の保険会社はたくさんあります。そして保険会社も個人の将来のリスクに対応した様々な商品を提供しています。それに入るかどうかは消費者である個人の自由です。良い商品があって自分が必要だと思えば加入することができます。ただ、民間保険にはその仕組みの原則があります。当たり前ですけれども民間保険はその原資、必要となるお金はすべて加入する人が負担する保険料で賄われています。例えば、民間企業が提供する医療保険では、病気で入院したら１日１万円ずつ給付される、というものがあります。ほとんど病院に行かない若い人と、頻繁に病院に行って入院するお年寄りの人がいたとしたら、お年寄りが多く加入する保険会社の方が、支払う保険金の額は多くなります。逆にあまり病院に行かない若い人が多く加入する保険会社は、支払う保険金の額は少なくなります。これでは保険が運営できないので、実際に加入者に支払ってもらう保険料をどのように設定するかというと、その人が抱えるリスクの程度に見合ったもの、つまり病院に行く可能性が低い人の保険料は低くし、病院に行く可能性が高い人の保険料は高く設定するということになります。ですから実

表 3-1　社会保険と民間保険との相違

	社会保険	民間保険
適用	強制適用（強制加入）	任意加入
給与水準	最低保障、従前所得の保障	個人の希望と支払い能力に応じてより高い水準が可能
原理	社会的妥当性を強調（社会連帯、扶助原理）	個人的公平性を強調（保険原理、貢献原理）
権利の根拠	法律で定められ変更可能（制度的権利）	契約により確定し、契約者の同意なく変更できない
市場	政府の独占	民間企業の競争
費用	多くの場合公費補助（負担）あり	保険料のみ
費用予測	正確な予測は必ずしも必要ない	より正確な予測が必要
財政方式	年金では、強制加入により新規加入者が確保され制度の継続が保障されるため完全な積立ては不要で賦課方式も可能	完全な積立てが必要
経済変動への適応力	年金では、給付額の物価／賃金スライドも可能でインフレに強い	インフレがあると給付価値が減少
人口変動への適応力	年金では、賦課方式は少子高齢化により後世代の負担が増加	完全積立てのため人口構成の変化の影響を受けない

出所：椋野美智子・田中耕太郎『はじめての社会保障』［第 9 版］（有斐閣アルマ、2012 年）

際、民間の医療保険では、医療にかかるリスクが低い人の保険料は低く、反対にリスクが高い人の保険料は高くなっています。これを給付・反対給付均等の原則といいます。保険による給付金の総額と反対給付である加入者が支払う保険料の総額は、トータルでは同程度にならないと保険が成り立ちません。そのため加入者のリスクの高さに応じて保険料を設定して公平に負担をすることになります。

年金も同じです。将来たくさん年金が欲しいからと若いうちから民間の年金保険に入ると、年金をもらう年齢になるまでの長い期間にわたって保険料を支払うことになりますが、代わりに月々の保険料は比較的低い金額です。しかし 60 歳近くになってから公的年金では足りないと民間の年金保険に入ろうとした場合には、高額の保険料を支払わないといけません。

給付と反対給付、つまり、将来受け取る年金額と支払う保険料のトータルの金額は、ほぼイコールにならないと成り立たないのです。

ところが社会保険はまったく違います。社会保険は国として提供する公共サービス、つまり社会保障制度として提供されています。社会保障制度というのは、社会全体で個人を助けるための仕組みですから、社会の助けからすべての国民がこぼれ落ちないよう全員に加入を義務づけています。そして保険料の設定の仕方は、その人にどれだけのリスクがあるかではなく、その人の負担能力に応じたものとなっています。負担能力とは、保険料を支払う能力、つまり資力のことです。所得税や相続税の税率は累進税率になっていました。これはその人の負担能力に応じて社会に対する負担をしてもらおうという考え方です。社会保険における保険料もこれと同じ考え方が採られています。つまり社会全体で個人を伝える仕組みなので、公的年金や公的医療保険などの社会保険の保険料も、その人がどれだけ病気になる可能性があるかとか、あとどれだけ生きるかではなく、その人がどれだけ負担できるかという能力に応じた保険料の設定になっているのです。逆に負担能力が低い人、例えば、収入が少なくて保険料を負担する余裕のない人からは保険料は取らない、あるいは低くするという制度が設けられています。社会の構成員がお互いに支え合うことを目的にしているからこそ、このような仕組みになっているのです。

民間保険と社会保険とのもう一つの違いは、サラリーマングループの制度では、加入している本人だけではなく雇用主、つまりその人を雇用している企業も保険料を負担していることです。つまり会社員の場合には公的年金も公的医療保険も介護保険も雇用保険も労災保険も、本人だけではなく雇用主である企業も事業主負担として保険料を負担しています。また社会保険には、多くの公費（税金）が使われています。社会保険は加入者からの保険料だけでなく、雇用主が支払う保険料と税金を使って成り立っているのです。一方、民間保険は加入者の保険料しか収入源はないので、保険料の設定が給付内容と加入者のリスクに見合ったものとなるのが原則なのです。

さらにおさえておかなければならないのは、特に年金において、経済環境の変動とりわけインフレに対する対応力が、社会保険と民間保険では大きく異なるという点です。少子高齢化でお年寄りが増えるので、公的年金に加入して保険料を負担しても将来自分たちには戻ってこないのではないか、だから公的年金の保険料を支払わずに民間の年金保険に入ろう、と考える人がいるかもしれません。民間保険は将来自分がどれくらいの年金を受け取りたいかを自分で選ぶことができます。そして当然ですが、将来受けたい給付の水準が高ければ高いほど保険料は高くなりますし、自分がこれから何年間保険料を支払っていくかによって、保険料も変わっていきます。給付・反対給付均等の原則です。保険会社は加入者から預かった保険料を何らかの形で運用します。債券や不動産を買ったりして運用するわけです。そして運用でプラスが出れば将来の給付の財源に加えていくことになります。運用益が多く出れば当初設定した水準よりも高い年金が受け取れますし、そんなに運用益が上がらなければ、自分が支払ってきたものを将来受け取るという感じになります。

ここで考えなければならないのはインフレというリスクです。例えば、今皆さんが月々1万円ずつ支払って、40年後から年間50万円を10年間もらえる民間の年金保険に入ったとします。1万円ずつで年間12万円、40年間保険料を支払います。12万円を40年間ということはトータル480万円を支払うことになります。それに運用益が加わったものが年金の原資となり、年間50万円の給付を40年後から10年間受け取ることになります。

そこで問題なのは40年後にお金の価値がどうなっているかということです。インフレというのは物の値段がどんどん上がり、お金の価値が実質的に低下する状態のことをいいます。物の価格が上がるのと同時に普通は賃金なども上昇し、例えば、今の1万円が40年後には実質的に5000円ぐらいの価値しかないという状態になったとします。初任給20万円の現在は年間50万円は2.5カ月分の給料分ということになりますが、初任給が40万円となったら1.25カ月分の給料分にしかならないということです。インフレは物の価格が上がってお金の価値が下がるということですから、加入時に将来いくら受け取りたいという給付水準を固めても、将来そのお金自体の価値が下がってしまうリスクがあるのです。民間保険にはこのリスクがあります。特に受け取るまでの期間が長ければ長いほど、そのリスクは高まります。

一方、社会保険は社会全体で個人を支えるための制度で、保険料はその人の負担能力に応じて額が定まります。ですから民間保険のように支払った保険料を積み立ててそのままもらうという仕組みではありません。公的年金の場合、その年金額でちゃんと生活できるということが目的ですから、40年後にインフレでお金の価値が下がっていても、年金の金額はそれに応じて修正します。つまり年金の給付額を上げるという仕組みになっています。社会保険というのは社会全体で個人を支える制度です。保険料は加入した人の負担能力に応じたものとし、残りを税金で補って運営していこうという仕組みです。民間保険はそうではなく純粋に個人との契約で給付を約束するものですから、最初に給付水準を設定してそれに見合った保険料を負担し、その通りに給付を受けるというものです。まったく仕組みが違うのです。

まず社会保険と民間保険の違いをよくおさえておきましょう。

第2節　年金

1　公的年金の仕組み

1　年金は何のためにあるのか

皆さんはまだ年金をもらう時期までには程遠いわけですが、20歳になると公的年金である国民年金に加入します。高齢化社会を迎えて高齢者の数が非常に増えてきています。そしてこれからも高齢化は続いて行くだろうと予想されています。そのような中で、お年寄りばかり増えて若い人が少なくなる、だから「年金をもらう人が増えて、保険料を支払う人が減ってくる。本当に年金は大丈夫なのか。自分たちは保険料を支払うだけで、年金をもらえないのでは」という不安を持っている人も多いです。

年金の仕組みをわかっていないと、やはりそういう不安を持つのかもしれません。お年寄りが多くて若い人が少ないと、年金を支給される人が多く、保険料を納める人が少ない。すると、どんどんお金がかかってしまって、自分たちが支給される頃には、お金がなくなってしまうのではないか、と心配するわけです。だから自分たちは保険料を支払うだけ損ではないか、それだったら最初から加入しない方がいいんじゃないか、などと思う人もいるようです。しかし年金の仕組みをしっかりわかっていれば、そういう考えにはならないはずです。多くの人は年金の仕組みを正確に知りません。少子高齢化ということばかりが強調され、年金の仕組みをあまり知らないとそんなふうに思ってしまいます。

皆さんには公的年金に加入するにあたって、どういう仕組みでこの年金制度が運営されているのか、その仕組みを理解してほしいと思います。仕組みを理解したうえで保険料を支払いたくないというのは一つの考えですが、仕組みを知らずにそんなふうに思ってしまうのは、自分自身にとって大きな損失になる可能性もあります。ですから、公的年金の仕組みをよく理解してほしいと思います。

社会保障の意義と重複しますが、そもそも年金は何のためにあるかということです。誰しも生きていれば高齢になります。しかし、自分が何歳まで生きるのかは誰にもわかりません。高齢になると体が弱ってきて働けなくなるので、その時に自己責任で生活を維持することが難しい人が出てきます。誰にも予測できない長生きというリスク、そのリスクに社会全体で備えていこうというのが年金の目的です。そして病気や事故で障がいを負ってしまうことは、高齢にならなくてもあり得ます。あるいは自分自身は元気だけれど、自分が子どもや学生でまだ働けない状況で一家の大黒柱が亡くなってしまう、これも自分の生活が脅かされるリスクです。こういうリスクにも公的年金は対応しています。もちろん自助努力で将来に向けて貯蓄をしたり、民間の生命保険に入って一家の大黒柱が亡くなった際のリスクに備えたりすることも可能です。現に多くの人はお給料もらい始めたらちゃんと貯蓄をして、働けなくなった場合に備えて民間保険にも入るわけです。ただ、将来どのくらいの貯蓄ができるかは人にもよりますし、予測ができません。また生命保険は保障を大きくすればそれだけお金がかかりますから、どこまで保険で備えられるかというのは人によって違います。何よりも、いつそういうことが訪れるのか、どれだけ貯蓄をしておけばいいのか、そして、いつになったらまた働けるようになるのかなどは、誰もわかりません。すべての人があらゆる事態を予測して十分な備えをしていくことは、事実上不可能です。もちろん何億円も何百億円も持っている人はどんなことがあっても対応できるかもしれませんが、それはごくわずかな人たちであって、すべての人があらゆる事態を予測して十分に備える、つまり自助努力によって備えるのは不可能だと言い切ってもいいでしょう。だからこそ、国が社会保障制度として、すべての人がリスクに備えられるような仕組みを作ったのが公的年金の制度です。

すべての人が加入することを原則とする代わりに、誰でも長生きをした時には給付を受け、その給付で生涯生活ができるようにするのが公的年金の目的です。このように社会全体で個人の生活を支え合うことを社会的扶養といいます。社会的扶養の反対は私的扶養です。つまり、自分の生活は自分でまたは家族で助け合う、これが私的扶養です。もちろん私的扶養が大原則ではありますが、それを補うものとして社会的扶養の制度が必要で

①生涯にわたって受給できる（終身年金）
②実質的な価値が保障された給付（物価変動や賃金上昇に強い仕組み）
③事故や病気による障がい、一家の大黒柱を亡くした場合にも対応（障害年金や遺族年金の支給）

図3-5　公的年金の特徴

す。それが公的年金の制度なのです。

2　公的年金の特徴

年金には、民間保険として提供されている年金保険もたくさんあります。多くの保険会社が、個人年金保険や団体年金保険という年金の商品を出しています。それに対して、国が社会保障サービスの一つとして実施している年金のことを公的年金といいます。これはまさに社会的扶養の制度として、国が主体になって作っているものです。この公的年金には、いくつかの特徴があります。

公的年金の特徴の一つは、生涯にわたって受給できることです。生涯にわたって受給できる年金のことを終身年金といいます。保険会社の年金保険には様々な商品が出ていますが、民間保険には給付・反対給付均等の原則があります。人の寿命は誰にもわかりませんから、生きている限り給付をするというのは保険会社にとっては大きなリスクとなります。例えば60歳から給付が開始されて70歳で亡くなるのか100歳まで生きるのかで、終身ですから給付総額は大きく変わってしまいます。給付・反対給付均等の原則を維持して保険を成り立たせるためには、そのリスクを見込んだ高い保険料を設定する必要があります。ですから民間企業が提供している年金保険の場合、終身のものもありますが、確定年金という将来の受給期間を10年、15年などと限定しているものが多いです。受給期間が限定されていればその人が何歳まで生きようと年金を支払う期間は決まっているので、給付総額が予測でき保険料の設定もそれに見合ったものにできま

表３-２　1965年と2020年の物価の違い

品目		1965年	2020年
鶏肉	100g	71.8円	128円（1.8倍）
牛乳	瓶１本	20円	133円（6.6倍）
カレーライス	１皿	105円	714円（6.8倍）
コーヒー（喫茶店）	１杯	71.5円	512円（7.2倍）
ノートブック	１冊	30円	162円（5.4倍）

出所：厚生労働省 HP　https://www.mhlw.go.jp/stf/nenkin_shikumi_01.html をもとに作成。

すが、加入者にとっては長生きのリスクを完全に補うものとはなりません。一方で公的年金は、加入者が何歳まで生きても生涯年金の支給が続く終身年金です。生きている限り必ず給付を受け続けることができます。

二つめの特徴は、受給する年金の実質的な価値が保証されているということです。どういうことかというと物価の変動や賃金の上昇に強い仕組みなのです。1965年と2020年で物価がどれくらい違うかを見てみます。品目によって上昇の幅は違いますが物価はかなり上がっています。もちろん賃金も上がっています。例えば民間の年金保険だと給付と反対給付が均等にならなければいけませんから、最初に加入する時に将来受給する金額と期間を決めなければ保険料の設定ができません。ところが年金のように加入してから受給までの期間が非常に長い商品の場合は、受給する時には物価が上がってしまっていたり、賃金が上がっていたりする可能性があります。加入した時にはこれくらいあれば生活ができるだろうと思って入ったのに、受給する頃には物価が高くなっていてその金額では生活ができないということがあり得ます。

ところが、公的年金の場合にはそうではありません。公的年金はその人の生活を支えることが目的で運営をされていますので、もし物価が高くなれば、物価の上昇に合わせて年金の給付額も上げます。世の中の賃金が３倍位になっているのに、年金の金額が昔のままだと生活ができませんので、年金の給付額をそれに応じて上げます。物価や賃金の上昇に応じて給付額を上げる制度になっています。これが二つめの特徴です。

そして三つめの特徴は、長生き以外のリスク、例えば障がいを負ったり一家の大黒柱を亡くすといったリスクにも対応する仕組みになっていることです。まだ年金給付を受けられない時に事故や病気で障がいを持ってしまった場合には障害年金が給付されます。また一家の大黒柱を失ってしまった場合には、残された配偶者や子どもの生活を保障するために遺族年金が給付されます。

家族をめぐる変化

公的年金は社会的扶養、つまり社会全体で助け合う仕組みです。この社会的扶養の必要性は、昔よりも現在のほうが高まっているといってもよいでしょう。社会的扶養に対して自分で何とかする、あるいは家族間で支え合う仕組みを私的扶養といいます。1960年と2020年を比べると、家族の形態は大きく変化しています。祖父母や親戚と同居している家族は少なくなってきています。3世代同居の世帯数は約半分に減り、1世帯当たりの家族の人数も約半分になっています。一方で高齢者の単身世帯は著しく増加しています。1960年頃は3世代同居をしながら、世代を超えた助け合いが家族間でできていましたが、現代では家族の人数も減りそれができなくなり、一人で高齢期を迎える人が多くなっているのです。

そして、もう一つ注目すべきこととして、日本人の平均寿命が著しく伸びたことが挙げられます。これは医療の進歩や経済発展による栄養状態の向上、衛生環境の向上などが背景にあります。これはいいことですね。1960年の男性の平均寿命は65歳でした。それが現在では80歳を超えています。女性の場合は70歳だったものが90歳に近づいています。こうした平均寿命の延びも大きな時代の変化として捉えなければなりません。例えば、65歳で仕事を辞めるとしたら、そこから自分が何年生きるかを考えてみます。寿命が延びているわけですから、仕事を辞めてからの時間がものすごく長いわけです。現在は65歳定年が一般的になりつつありますが、かつては55歳定年が一般的でした。例えば1960年においては、55歳で仕事を辞めて、男性だと平均寿命である65歳まで10年ですね。今は65

表3-3　家族をめぐる代表的な変化

	昔（1960年）	現代（2020年）
3世代同居世帯数	411万	213万
高齢者単身世帯数	13万	672万
家族の人数	4.47人	2.21人
平均寿命	男性　65.32歳 女性　70.19歳	男性　81.56歳 女性　87.71歳
サラリーマンの割合	53.4%	89.5%

出所：厚生労働省「年金制度基礎資料集」 https://www.mhlw.go.jp/content/12500000/000894794.pdf
「国勢調査」（総務省）、「完全生命表」（厚生労働省）、「労働力調査」（総務省）をもとに作成。

歳で仕事を辞めて、男性の平均寿命が81歳ですから16年になっているわけです。平均寿命の伸びとともに働く期間も延長され、仕事を引退した後もこれまでより長い老後生活が待っている、ということです。

さらに1960年と2020年とでは、サラリーマンの割合が5割から9割近くにまで大きく増えています。公的年金制度がサラリーマングループと自営業者グループで違った制度になっている背景には、お店や農業などを営む自営業者には会社員のような定年がなかったことがあります。自営業者は何歳までという定年はなく、やろうと思えば仕事が続けられるのですが、加齢でだんだん足腰が弱くなってきたり、病気にかかったりして働けなくなって少しずつ収入が減る。自営業者についてはその減った部分を年金で補うという発想でよかったのです。ところが、経済成長に伴い企業に勤めるサラリーマンがどんどん増えてくると、その人たちには定年があります。定年で退職したらたちまち明日から収入がなくなるという人が増えてきたのです。ですからサラリーマングループに対しては二段階の年金制度を適用して給付を手厚くし、その制度が現在まで続いています。

これからは少人数家族、あるいは一人で長い老後を送るのが一般的になるでしょう。社会的扶養の必要性はもっと高まっていきます。公的年金制度は、私たちにとって今後ますます大切な制度になると考えておかなければなりません。

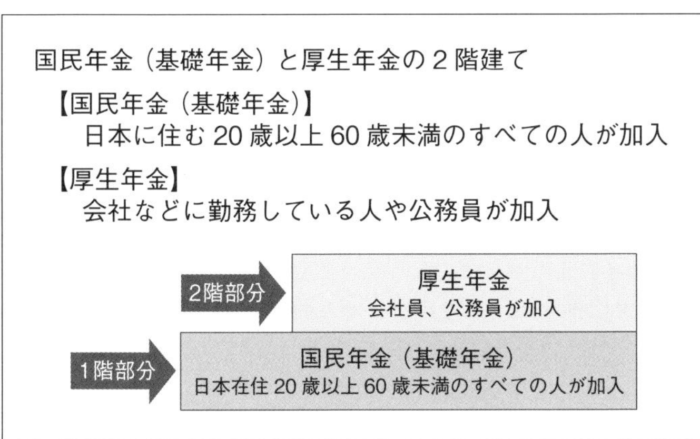

図3-6　公的年金の基本構造

3　公的年金の基本構造

いよいよ公的年金の仕組みに入りますが、公的年金は基本的に2階建ての仕組みになっています。日本に住んでいる20歳以上60歳未満のすべての人は国民年金に加入します。皆さんが20歳になって加入するのは、この国民年金です。すべての国民が加入する国民年金のことを基礎年金ともいいます。この国民年金が1階部分です。2階部分はサラリーマングループの会社員や公務員だけが加入する厚生年金です。厚生年金の加入者は国民年金にも加入します。日本の公的年金の仕組みは、すべての国民が加入する国民年金と、会社員や公務員だけが加入する厚生年金の2階建てが基本構造になっています。ですから20歳になったらまず国民年金に加入します。大学を卒業して会社員や公務員になった人は、国民年金にも加入しつつ厚生年金にも加入します。実際は厚生年金に保険料を支払えば、厚生年金から国民年金に保険料を支払ってくれますので、厚生年金に加入すれば自動的に国民年金にも加入している状態になるわけです。

「老齢」「障がい」「死亡（遺族に対する保障）」のリスクに備える
【老齢年金】
65歳から終身で給付を受けることができる年金
【障害年金】
加入中、病気や怪我で障がいを負った場合に給付される年金
（20歳以前の障がいにも対応）
【遺族年金】
年金受給者や加入者が亡くなった時に、配偶者や18歳未満の子に給付される年金

図３-７　公的年金の保障内容

4　公的年金の保障内容と給付の種類

公的年金である国民年金（基礎年金）と厚生年金はともに、老齢になった場合の老齢年金、障がいを負った場合の障害年金、そして受給者や加入者が亡くなった時にその遺族に対して給付する遺族年金の三つがセットになっています。老齢年金は原則として65歳から終身、つまり生きている限り給付を受けることができます。障害年金は、年金加入中に病気やけがで障がいを負った場合に終身で年金を受けることができます。20歳以前の障がいであっても障がいを負ったままで働けない場合には、障害年金を受けることができます。そして遺族年金は、年金を受給している人や加入しているけれど65歳未満でまだ受給してない人が配偶者や子どもを残して亡くなってしまった時に、その配偶者や18歳未満の子どもに給付されます。つまり自分だけではなく、遺族の生活を保障することも公的年金の保障に含まれています。国民年金の老齢年金を老齢基礎年金、障害年金を障害基礎年金、遺族年金を遺族基礎年金といいます。厚生年金の老齢年金を老齢厚生年金、障害年金を障害厚生年金、遺族年金を遺族厚生年金といいます。

国民年金（基礎年金）と厚生年金では、その保険料の定め方が異なっています。基礎年金は保険料が一律に決まっています。すべての加入者が

表3-4　公的年金の給付の種類

	国民年金（基礎年金）	厚生年金
老齢	【老齢基礎年金】 保険料を納めた期間などに応じた額	【老齢厚生年金】 保険料を納めた期間や賃金に応じた額
障害	【障害基礎年金】 障害等級に応じた額 （子がいる場合には加算あり）	【障害厚生年金】 賃金や加入期間、障害等級に応じた額
遺族	【遺族基礎年金】 亡くなった方の老齢基礎年金の満額に子の数に応じて加算した額	【遺族厚生年金】 亡くなった方の老齢厚生年金3/4の額

出所：厚生労働省「年金制度のポイント」2022年度版
https://www.mhlw.go.jp/content/12500000/20220928.pdf をもとに作成。

月々同じ金額の保険料を納め、さらにそれと同額を国が国庫負担として税金で負担します。そしてその納めた期間に応じて、受給する老齢基礎年金の金額が決まります。ということは、納めた期間が短ければ給付される年金額が少なくなり、納めた期間が長ければそれだけ年金額が多くなります。障害年金は、その人が負った障がいの程度に応じた年金額が給付されます。障がいの重さに応じて１級や２級といった等級が設定されますが、重い障がいであればあるほど働けない度合いが高いですから、その分年金額は多くなるという仕組みになっています。遺族年金はどうかというと、亡くなった本人の、保険料を納めた期間などに応じた老齢基礎年金の金額をベースにして、遺族が何人いるかによって一定額を加算したものが給付されます、これが基本的な仕組みです。

厚生年金はどうかというと、これもやはり保険料を納付した期間に応じて将来受け取る年金額が増減します。ただ厚生年金の保険料は、国民年金のように月額いくらと定額ではありません。本人が会社から受け取る毎月の給料の金額（標準報酬月額）に保険料率（％）を乗じて決まります。そして保険料の半額は事業主負担として会社が負担します。つまりお給料の金額が高ければ高いほど保険料の金額が高くなるのです。そして納めた保険料と納付した期間に応じた年金額が将来、厚生年金として支給されることになります。障害厚生年金は、障害等級に応じて受給者がこれまで支払ってきた保険料や加入期間に応じた年金額が支給されますが、遺族厚生年金は亡くなった方の老齢厚生年金の４分の３の額と決まっています。ですから厚生年金の場合は、納付した期間に加え、実際に保険料の算定基礎となった過去の給料の金額に応じて受け取る年金額が変わってくるのです。

国民全員が 20 歳になったら加入する国民年金（基礎年金）の保険料は、月額いくらと決まっています。そして、保険料の納付期間は 60 歳までですから 40 年間納めるわけですが、40 年間きっちりと保険料を納めた場合に、満額の老齢基礎年金の年金額を受け取れることになります。途中で保険料を納めない期間があったり、そもそも加入が遅れて納める期間が短ければ、満額よりも少ない金額しかもらえません。厚生年金も、もちろん保険料を納めていない期間があればそのぶん受給額は減りますが、あとは自分が会社員の時にどれだけの給料もらうかによって納める保険料の金額が変わってきます。高いお給料をもらっていた人は保険料の金額も高いですから、将来もらえる厚生年金の年金額も高くなります。ですから、同じ会社員でもお給料が違えば保険料も違っているので、将来もらえる年金額は違うことになります。つまり、自分が納めた保険料と納めた期間に比例して将来受け取れる年金額は増減するということです。ということは、保険料を納めなければその分もらえる年金額が減りますし、賃金が低い人は保険料の金額も低いのでもらえる年金額も低くなるのです。なお、厚生年金に加入している人は自動的に国民年金（基礎年金）にも加入しています。そして厚生年金の保険料から基礎年金分の保険料を自動的に払い込んでくれます。

5　受給資格

国民年金（基礎年金）も厚生年金にも受給資格というものがあります。10 年以上加入のうえ保険料を納付していないと受給できないというものです。この 10 年のことを受給資格期間といいます。もし 20 歳で加入したのに 25 歳以降何も手続きをせず以後ずっと保険料を支払わなかった場合には、受給資格期間を満たしていないため年金は受給できません。という

【老齢基礎年金】【老齢厚生年金】

- 保険料納付済期間と保険料免除期間を合わせて10年以上であること
- 受給開始年齢は65歳
ただし60歳から繰上げ受給（減額あり）、75歳までの繰下げ受給（増額あり）ができる
- 基礎年金の受給額は保険料納付月数、免除月数に応じて算出
厚生年金の受給額は働いていた時の給料と加入期間に応じて算出

図3-8　公的年金の受給資格

ことは、それまで納めた保険料は納め損ということです。ただここで重要なのは、受給資格期間には、実際に納めた保険料納付済期間と、何らかの理由で保険料を免除された保険料免除期間も含まれるということです。保険料を納めた期間だけではなく、免除された期間も合わせてカウントされるのです。ということは、何らかの理由で保険料を支払えなくなった時には、きちんと免除の手続きをしておけば、ちゃんと受給資格期間にカウントされるということです。いずれにしても10年以上の受給資格期間がないと将来年金がもらえません。基礎年金の受給資格がある人に厚生年金の受給資格がありますから、厚生年金も同じです。

年金を受け取ることのできる受給開始年齢は、現在65歳からです。60歳まで保険料を納めて65歳から受給するというのが原則ですが、60歳から受給することもできます。これを繰上げ受給といいます。逆に65歳時点では受給をせずに、66歳でも67歳でもよいのですが、1年刻みで75歳まで「もうちょっと待ちます」と支給開始年齢を遅らせることもできます。これを繰下げ受給といいます。繰上げ受給した場合にはみんなより早くもらうので年金額がその分減額されます。逆に繰下げ受給をした場合にはみんなよりも遅くもらうのでその分増額されます。65歳では仕事をしている人も多いでしょうし、70歳まで現役で働く人もこれからは多くなってくると思います。その時の自分の状況に応じて受給開始時期を繰上げたり繰下げたりできるようになっているのです。

基礎年金の年金額は保険料を40年間ずっと支払い続けた時に満額が給

付されます。しかし、実際に保険料を納付していない期間があった場合や、免除された期間があった場合などは、それに応じた年金額が算定されます。免除期間については自己負担分の保険料は納められていませんが、国庫負担分についてはちゃんと納付されていますので、もちろんそれもカウントされます。

厚生年金の場合は保険料の金額が標準報酬月額×保険料率ですから、現役時代のお給料の金額と加入期間によって受給額が決まってきます。毎月いくら保険料を支払ったかというのが、事業主負担分も含めてちゃんと記録されていますので、それに応じて受給できる年金額が算出されます。つまり、基礎年金の受給額も厚生年金の受給額も、人によって違うのです。基礎年金については、ちゃんと支払っていたら満額ですが、支払っていない期間があったり、免除や猶予という形で支払わなかった期間があったりすると、当然その分年金額は下がります。また、厚生年金の場合は、現役時代のお給料の金額に応じて保険料が変わりますので、当時の給料が多かった人ほど年金額も多くなるという仕組みになっています。

特に受給資格期間である 10 年というのは重要です。10 年以上加入していないと受給する資格そのものがなくなってしまいます。この受給資格期間は以前は 25 年以上だったのですが、できるだけ多くの人が年金を受給できるようにするため 10 年に引き下げられました。国民年金の加入期間は 60 歳までなので、60 歳までに 25 年間加入するとなると、30 代半ばまでに加入していない人は受給資格が得られないことになります。老後に年金がない無年金状態になって困る人が出てきたので、2017 年から 10 年以上に引き下げられています。

6　国民年金の保険料免除・納付猶予制度

20 歳になると国民年金に加入することになりますが、学生の時には収入がありません。国民年金は 60 歳までずっと毎月の保険料を支払わなければいけませんが、社会人になっても時には失業して生活が苦しくなったり、お給料が少なくて保険料を納めることが難しくなる可能性は誰にでもあり得ます。その時に何にもしないと未納付になってしまいます。未納付

失業や低所得などで保険料を納めることが難しい人に対して、保険料の納付を免除したり、一時的に猶予する制度

- 免除や猶予された期間も年金を受け取るために必要な期間（受給資格期間）に算入
- 受け取れる年金額は全額納付した場合に比べると少なくなる
- 免除や猶予された期間分の保険料を後から納めることができる（全額納付した場合と同様に扱われる）
- 学生には在学中の保険料納付が猶予される「学生納付特例制度」がある

図3-9　国民年金の保険料免除・納付猶予制度

は将来受け取る年金額が減ることに加え、その期間は受給資格期間に算入されません。

国民年金は国民の支え合いの制度なので、保険料の納付を一時的に猶予したり、納付そのものを免除する制度があります。支え合いの制度なので、困っている時は「少し待っていますよ」とか「免除してあげますよ」という制度があるのです。

保険料免除制度とは、申請によって保険料の全額または一部を免除する制度であり、納付猶予制度とは、申請によって保険料の支払いを猶予する制度です。そして免除や納付猶予された期間は10年の受給資格期間に算入されます。将来の年金額は全部納付した場合に比べると少なくなりますが、免除や納付猶予された期間分の保険料を後から納めることができ、それにより全額納付した場合と同じ年金額となります。

こうした免除や納付猶予の制度があることを頭に入れておいてください。学生には、申請によって在学中の保険料の納付が猶予される「学生納付特例制度」がありますが、社会人になっても自分がどうしても保険料を納められなくなった時には、まず年金事務所に免除や納付猶予の対象になるかどうかを相談します。そして対象になるなら申請をする。それをしておくことによって、受給資格期間にカウントされ、さらに後からその期間

分の保険料を納めれば、年金額も全部納めた場合と同じにもらえるようになります。保険料が支払えない状況になった時には、そういう手続きがあることを覚えておいてください。

負担と給付の様々なケース（国民年金の場合）

国民年金の場合、加入者は月々定額の保険料を納めますが、その同額の国庫負担が税金から支出されています。つまり、保険料を納付すれば、国が同額を出してくれますので２倍の額を納めていることになります。それは将来自分が受給する年金額に反映されます。ところが、何も手続きせずに保険料を納めなかった未納の場合には、当然国庫負担もありません。一方で経済的な理由で免除の手続きをしたらどうなるかというと、加入者が納める保険料はゼロですが、国は同額の国庫負担をちゃんと出してくれます。ということは、納付した人に比べれば半分ですけれど、国庫負担分は納めているので、その分は将来の年金額に反映されるのです。未納という状態でまったく何もせずに保険料を納めないと、国庫負担分もありませんから、将来の給付への反映もゼロになります。もちろん受給資格期間 10 年へのカウントもこの場合にはありません。免除や納付猶予の手続きをきちんとすることが大切です。

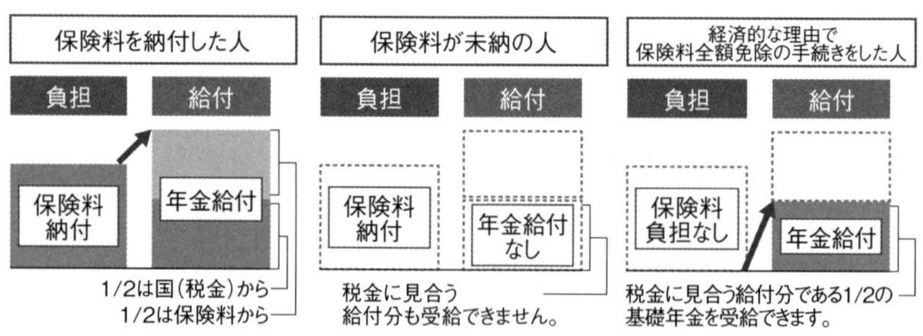

図 3-10　負担と給付のさまざまなケース（国民年金の場合）

出所：日本年金機構 HP
https://www.nenkin.go.jp/service/pamphlet/seido-shikumi.files/0000000011_0000028374.pdf をもとに作成。

学生納付特例制度

学生には国民年金保険料の学生納付特例制度というものがあります。社会人になっても同様の制度はありますが、学生は一般的に収入があまりないということで、在学中の保険料納付を猶予しますよという制度です。学生でも本人が稼いでいて所得が多くあるという場合には対象にならないケースもありますが、家族の所得は問わないので、学生本人の所得が少ない場合には対象になります。ただ、これにはやはり申請が必要です。納付猶予された期間は受給資格期間に算入されます。そして卒業後10年以内であれば、この猶予された保険料を就職した後に納めていくことができます。納めなくても国の国庫負担分はずっと納められているので、もちろんカウントされていきますが、やはり、すべて納めた場合よりも将来の年金の受給額は減ってしまいます。でも、10年以内に猶予期間分の保険料を納めれば、年金額はずっと納付していた場合と同じに戻ります。つまり全部納めた時と同じ年金額がもらえるようになりますので、自分で申請するかどうかよく考えてください。

何も手続きせずに保険料を支払わないというのが、一番損です。国庫負担もありませんし、年金受給資格の10年にもカウントしてくれません。学生時代にはこの特例制度がありますが、将来も色んな事情で保険料を納めることが厳しい時もあるでしょう。40年も納めていくわけですから、誰にでもそういった状況になる可能性はあります。その時にちゃんと手続きをするかしないかで将来受給できるかどうかや年金額が変わるということを頭に入れておきましょう。

7　働き方や暮らし方で変わる年金加入

では、就職したり、途中で会社を変わったり、会社を辞めたりすることがあった場合はどうなるのでしょうか。これについては、その都度加入する年金制度が変わることになります。公的年金も一種の保険なので、加入者のことを被保険者といいます。公的年金の被保険者には、第１号・第２号・第３号という分類があります。

第１号被保険者は自営業者グループの人です。この中には学生やフリーター、無職の人も入っています。第１号被保険者つまり自営業者グループの人たちは国民年金（基礎年金）のみに加入します。学生は20歳になるとまず第１号被保険者となって国民年金に加入するわけです。

それに対して会社員や公務員など、会社や役所などの組織に勤める人を第２号被保険者といいます。サラリーマングループの人たちですね。第２号被保険者になると今度は厚生年金に加入します。厚生年金に加入すると自動的に国民年金にも加入しますので、第２号被保険者は厚生年金と国民年金の両方に加入することになります。学生が卒業して企業に就職したり公務員になると、第1号被保険者からこの第2号被保険者になるわけです。

第３号被保険者はいうと、専業主婦（主夫）の方です。厳密に言うと第３号被保険者は第２号被保険者に扶養されている20歳以上60歳未満の配偶者です。つまり会社員や公務員などに扶養されている妻や夫ということになります。そして年収が一定額未満であるという要件があります。仕事をしていなかったり、少額の収入しか得ていない場合に第３号被保険者になります。第３号被保険者は国民年金に加入します。つまり自営業者グループと一緒なのですが、保険料がゼロ、つまり保険料負担なく将来の年金が受給できることになります。なぜ第３号被保険者という制度ができたかには理由があります。もともと日本の伝統的な働き方であった自営業者グループは、お店や田畑などの生活手段がある人たちが多数でした。一方で定年後の収入が途絶えてしまう会社員や公務員などの第２号被保険者の人たちは、老後の生活を年金で維持していかなければならないため、より手厚い年金の仕組みが必要だということで、厚生年金の制度ができました。ところが、ここで一つ問題が出てきました。会社員や公務員の配偶者です。家庭を支え子どもを育てる役目を担っている専業主婦（主夫）には保険料を負担するための直接的な収入がありません。そのため会社員や公務員を家庭で支える専業主婦（主夫）に対しては、第３号被保険者という制度を作り、自営業者グループと同じ国民年金に加入してもらい、その保険料は厚生年金が負担をする仕組みになったのです。女性が社会で普通に活躍して男女の収入格差や働き方の差がなくなっていく時代に、この制度が本当に時代に適合しているものなのか、という議論もあります。ただ、

表3-5　公的年金制度の種類と加入する制度

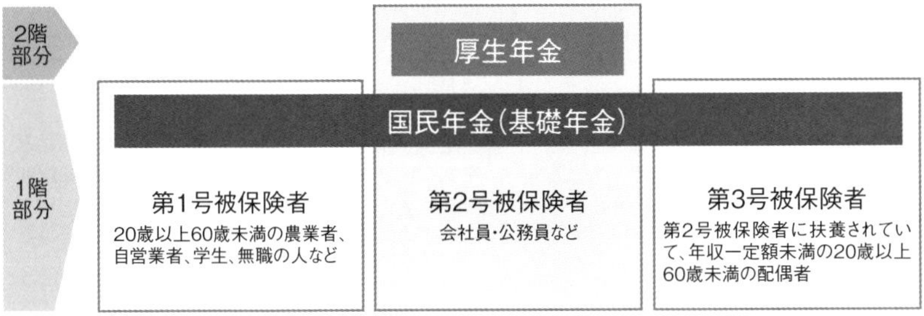

	第1号被保険者	第2号被保険者	第3号被保険者
2階部分		厚生年金	
1階部分	国民年金(基礎年金)	国民年金(基礎年金)	国民年金(基礎年金)
	20歳以上60歳未満の農業者、自営業者、学生、無職の人など	会社員・公務員など	第2号被保険者に扶養されていて、年収一定額未満の20歳以上60歳未満の配偶者

出所：日本年金機構 HP　https://www.nenkin.go.jp/service/seidozenpan/20140710.html をもとに作成。

そういう経緯があって現在もこの第3号被保険者制度があります。

第2章で収入をめぐる様々な「壁」について学びましたが、その中の社会保険の壁の一つが、まさにこの第3号被保険者から外れるかどうかの収入の壁です。つまり収入が一定額未満であれば第3号被保険者として保険料なしで国民年金に加入できますが、収入が一定額を超えてしまうと第1号被保険者となり自分自身で国民年金の保険料を納めなくてはならなくなるのです。

パートなどで少額の収入を得ながら第3号被保険者として国民年金に加入していた人がもっと収入を増やしたいと思った場合に、働き方を変えて会社員グループに入ることもあり得ます。厚生年金に加入することのできる、いわゆる「社会保険あり」の会社で勤めることになると、第2号被保険者となります。その場合には、給料に応じた保険料を自分で納めていくことになります。もちろん将来は加入した期間や納めた保険料の額に相当する厚生年金の支給を受けることができます。このように働き方や暮らし方の変化によって、公的年金はその都度加入する制度が変わっていくのです。

私たちの一生と公的年金

私たちは20歳になると全員が第1号被保険者として国民年金に加入します。そして就職をしたり、あるいは仕事を辞めたり、結婚して専業主婦に

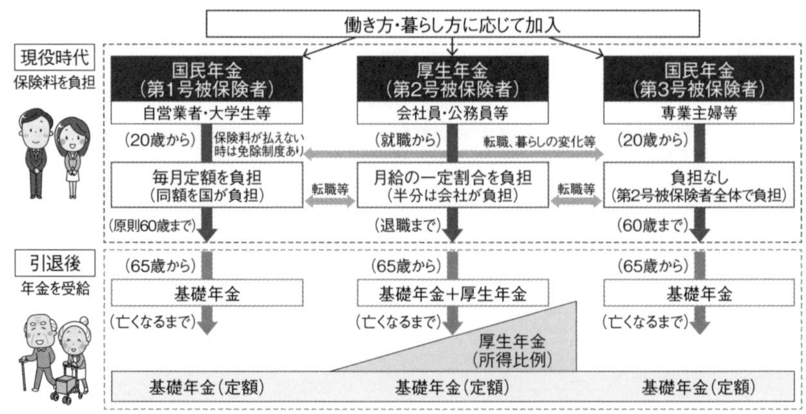

図３-11　働き方・暮らし方別の公的年金の保障

出所：厚生労働省 2022 年度版「年金制度のポイント」
https://www.mhlw.go.jp/content/12500000/20220928.pdf をもとに作成。

なったりすると、１号から２号、２号から１号、あるいは１号から３号へという形で第１号被保険者、第２号被保険者、第３号被保険者の間を移動します。その都度手続きが必要で、いずれの被保険者であっても基本 60 歳までは保険料を負担することになります。そして原則 65 歳で受給する側に回り、亡くなるまで受給を受ける。これが基本的な仕組みです。

大学生も含めた自営業者グループ、つまり国民年金だけに加入する第１号被保険者は 20 歳から月額保険料の負担をします。国民年金には同額の国庫負担があり、原則 60 歳まで納付し続けると、65 歳から満額の基礎年金を受け取ることができます。就職して会社員になった場合は第２号被保険者です。毎月の給料（標準報酬月額）に保険料率を乗じた額の半額が自己負担分の保険料となり、残りの半分は事業主負担として会社が負担してくれます。給料が上がれば上がるほど保険料負担は大きくなり、基本退職するまで納付し続けることになります。そして 65 歳から基礎年金と厚生年金を合わせて受給することになるわけです。受給する厚生年金の年金額は人によって異なります。なぜなら納めた保険料の総額が人によって異なるためです。現役時代の給料が多ければ多いほど事業主負担を含めた保険料負担は大きくなり、受給金額も増えます。

第３号被保険者である専業主婦（主夫）は保険料負担がありません。これは会社員や公務員の配偶者ですが、第３号被保険者としての手続きをすれば60歳まで保険料なしで国民年金に加入し、65歳から満額納めた場合と同じ基礎年金が受給できます。

国民年金も厚生年金も終身で受け取ることになります。働き方や暮らし方を変えると、制度を行ったり来たりするということを覚えておきましょう。では、行ったり来たりして、厚生年金と国民年金と両方に入っている期間があったり、国民年金だけの期間があったりしたらどうなるのでしょうか。当然加入した期間分に相当する厚生年金は将来受給できることになります。納めた期間と保険料に相当する年金については受け取ることができるのが基本なのです。年金は共助の仕組みですので、納めた保険料分以上に年金が受け取れるかどうかは人によります。長生きした人は結果的に多く年金を受け取ることができますので、自分がどこまで長生きをするかによることになります。

参考　年金制度の体系図

国民年金（基礎年金）と厚生年金の２階建てが年金の基本構造ですが、現在ではこの２階建てにさらに上が加わっています。確定拠出年金（企業型）、確定給付企業年金、厚生年金基金は会社員が厚生年金に加えて加入することのできる制度です。また退職等年金給付は公務員等が加入する３階の部分です。国民年金しか加入していない第１号被保険者の人たちには、国民年金基金という２階部分の制度が用意されています。さらにiDeCo（個人型確定拠出年金）は個人が任意で加入することのできる制度です。これらの制度は変更されることも多いですが、興味を持った段階で少しずつ勉強していけばいいでしょう。

昔の日本では、自営業者で田畑やお店を持つ人が多かったのですが、現在の自営業者グループには、そういう人よりも無職の人や会社を退職した人、フリーランスで働いている人などの方が多くなっています。納める保険料に格差があるのと厚生年金の保険料には事業主負担があり会社が半分を負担してくれるため、受給できる年金額は国民年金と厚生年金では大き

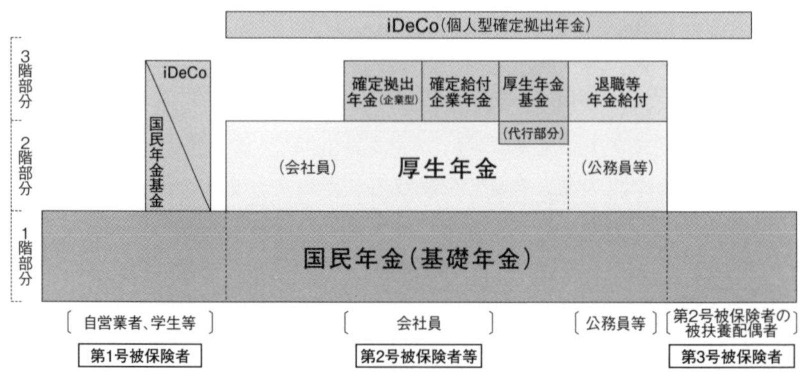

図３-12　年金制度の体系図

出所：厚生労働省 HP　https://www.mhlw.go.jp/stf/nenkin_shikumi_03.html をもとに作成。

な格差があります。そのため自営業者グループにも２階建ての部分が必要だということで国民年金基金という２階部分の制度が用意されました。もちろん掛け金は国民年金の保険料にプラスして納めなければいけませんが、加入しようと思ったらできるようになっています。サラリーマングループの人も、厚生年金の受給額は国民年金に比べると多いですが、それでも現役時代の給料に比べたら少なくなります。ですから、将来に向けてもう少し積み立てておきたいというニーズがあります。そういう人は３階部分の制度に加入して追加の保険料を支払えば企業も一定の負担をしてくれるという制度になっています。

iDeCo（個人型確定拠出年金）は皆さんも聞いたことがあるかもしれません。自分で投資先を選んで月々の掛け金を設定すれば、税金の面で優遇してくれる制度です。将来のために自分でさらに備えをしておきたいという人に対して国が応援しますよという制度ですね。１階部分と２階部分をベースにしながらも、将来に対して不安だという気持ち、それに対して備えをしたいという国民のニーズに応じて、国も様々な制度を用意しています。

2　年金財政

1　年金財政の基本構造

公的年金は、社会保険方式つまり加入者が支払う保険料と税金で運営する方式ですが、国民年金（基礎年金）と厚生年金では、仕組みが少し異なります。まず国民年金（基礎年金）については、加入した国民の保険料と同額を国が税金で負担します。これを国庫負担といいます。私たちが支払う国民年金の保険料は月額いくらと決まっていますが、実はそれは実際の保険料の半分で、国が税金で同額を負担する仕組みになっているのです。厚生年金はどうかというと、毎月の給料（標準報酬月額）と賞与（標準賞与額）に保険料率（%）を乗じた金額が保険料となりますが、半分は雇用主（会社）が負担することになっています。これを事業主負担といいます。つまり、会社で給料から天引きされる厚生年金の保険料は、半額分なのです。厚生年金の場合、会社が従業員の給料から厚生年金保険料の半額を徴収し、そして残りの半額を会社が負担して厚生年金保険料として納めてくれます。さらに厚生年金はその保険料の中から基礎年金分の保険料を国民年金に支払います。国民年金ではその人たちの国庫負担分も、国が税金で負担をするという仕組みになっています。

国民年金も厚生年金も、毎年入ってくる保険料収入に国庫負担分、厚生年金の場合には事業主負担分を加えた収入を、現在年金を受給している人たちに給付する年金給付の財源として使っています。しかし、入ってくる保険料をそのまますべて年金受給者に支払うわけではありません。一部は積み立てて長期間をかけて運用をしています。運用によって増えた金額（運用収入）は将来の給付の原資として使うのです。

国民年金の毎月の保険料は正直高いと思うかもしれませんが、毎月それと同額を国が税金で負担していることを頭に入れてください。そして就職して会社に入ったら、国民年金の保険料は納めなくてもよい代わりに、会社から社会保険料として厚生年金の保険料を給料から天引きされます。これも高いと思うでしょうが、これには国民年金の保険料も含まれています。そして会社も同額を負担していることを覚えておいてください。

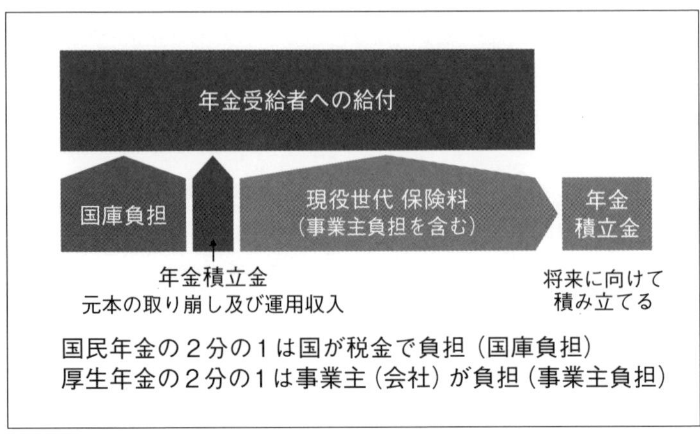

図3-13　公的年金（国民年金＋厚生年金）の財源イメージ

出所：厚生労働省「2019（令和元）年財政検証関連資料」31頁
https://www.mhlw.go.jp/content/000540204.pdf をもとに作成。

国が管理する公的年金の会計（年金特別会計）には、加入者が納める保険料、国民年金の保険料と同額の国庫負担、そして厚生年金加入者の会社（事業主）が負担した事業主負担がすべて入ってきます。これらの収入から、現在の年金受給者に対する年金給付が行われます。ただ毎年の保険料等の収入の一部は将来に向けて積み立てられています。積み立てたお金は少しでも増やした方がみんなのためになるので運用されています。その運用収入も含めた年金積立金も年金給付の財源となっています。つまり年金受給者である今のお年寄りが受給している年金の財源は、現在の現役世代の保険料と、その勤め先企業が負担する事業主負担、基礎年金分の国庫負担、そして過去から積み立てられてきた積立金、またその積立金を運用して得た運用収入が充てられ、その一部はさらに将来に向けて積み立てられている、という仕組みになっています。

2　賦課方式と積立方式

日本は少子高齢化が進んでいます。寿命が伸びている一方で生まれてくる子どもの数は少ない。だんだん保険料を納める現役世代が少なくなり、

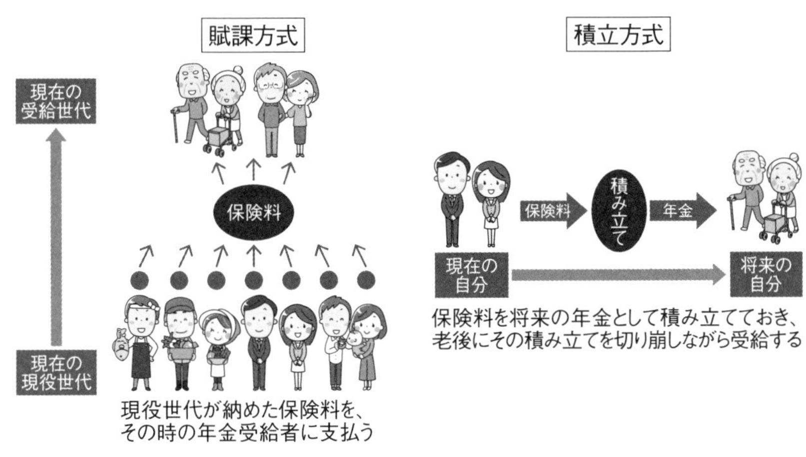

図3-14　賦課方式と積立方式

出所：厚生労働省「いっしょに検証！ 公的年金」
https://www.mhlw.go.jp/nenkinkenshou/manga/05.html#p02 をもとに作成。

年金を受給する人が多くなってきます。そうなると自分たちは保険料は支払うけれども、将来は年金を受給できないのではないかと不安に思う人は多いのではないでしょうか。

公的年金は、現役世代が納める保険料、国庫負担と事業主負担、過去に積み立てた積立金とその運用収入を財源として、現在の年金受給者に給付していく仕組みです。けれども、自分たちが受給者となる40年後にちゃんともらえるのかは気になると思います。

公的年金を運営する仕組みには、大きく賦課方式と積立方式という二つの方式があります。賦課方式というのは、現在保険料を納めている現役世代の保険料を、現在年金を受給している人たちへの給付にそのまま充当する方式です。それに対して積立方式というのは、加入者が納める保険料を一人ひとりの口座のように管理して積み立てておく方式です。つまり40年間、これから皆さんが納める保険料やそれに見合う国庫負担分などを積み立てておいて、40年後に年金として取り崩すという方式です。年金には賦課方式と積立方式の大きく二つの方式があり、日本の公的年金は賦課方式によって運営されています。

賦課方式と積立方式の特徴

どちらの方式にも良いところと悪いところがあります。まず積立方式ですが、民間企業が提供する年金保険も基本は積立方式です。最初に将来受給する金額を決めてから保険料を設定し、自分が納めた保険料を保険会社に運用してもらい、その運用収入を足して将来それを受け取るという方式です。これは、いわば自分が積み立てた保険料を自分で取り崩すということですから、わかりやすいといえばわかりやすいですね。ただやはり、大きな問題はインフレです。つまり物価が上がってしまった時には、積み立てた金額は自分自身で納めた保険料と運用収入しかないので、実際に受け取る時に価値が目減りしていることがあり得ます。もちろん運用が上手くいった場合には受給額が増えることも考えられます。しかし逆に運用がうまくいかなかった場合には受給額は下がるというリスクもあります。

一方で賦課方式は、現在の現役世代が納めている保険料を今の受給者への年金給付に充てていくので、将来年金を受け取る時の年金額はまったく別の観点から決められます。すなわち老後の生活を支えるという年金の目的に沿って、生活がちゃんとできる金額かどうか、という観点から決められます。年金を受け取る時点でインフレで物価が上がっていたり、世間の賃金が全体的に上がっていた時には、それに応じて年金額をその時代の価値に合うように修正します。つまりその人がいくら保険料を納付してきたかとはまったく別の観点で、物価や賃金水準の上昇に応じて、年金額をそれにスライドさせて上げていくのです。社会的扶養としての公的年金だからこそ取り得る方法です。その代わり、やはり年金額の増加は支給する年金の総額と保険料収入との比率に影響を与えますので、現役世代が少なくなって年金受給世代が多くなると、保険料負担や国庫負担を増やしたり、支給する年金額を下げるなどで、全体の帳尻を合わせることが必要になってきます。

どちらが良いかという問題ではなく、どっちを採るかという問題なのですが、日本の年金は賦課方式を採用しています。給付する年金の水準は物価の動向に合わせて上下させ、そして全体として現役世代と年金受給世代の比率動向に合わせて、保険料負担を上げたり、年金の支給額を全体的に

表3-6　賦課方式と積立方式の特徴

賦課方式の特徴	積立方式の特徴
○社会的扶養の仕組みであり、その時の現役世代の保険料を原資とするため、インフレや給与水準の変化に対応しやすい（価値が目減りしにくい） ○現役世代と年金受給世代の比率が変わると、保険料負担の増加や年金の削減が必要となる	○民間保険と同様に、現役時代に積み立てた積立金を原資とすることにより運用収入を活用できる ○インフレによる価値の目減りや運用環境の悪化があると、積立金と運用収入の範囲内でしか給付できないため年金の削減が必要となる
○少子高齢化で生産力が低下する影響は、積立方式は運用悪化など市場を通して、賦課方式は保険料収入の減少などを通して受ける	

出所：厚生労働省「『いっしょに検証！ 公的年金』マンガで読む公的年金制度（第5話）」https://www.mhlw.go.jp/nenkinkenshou/manga/05.html をもとに作成。

圧縮して調整をする方式を採っています。この賦課方式と積立方式という二つの方式を理解し、日本の公的年金は賦課方式を採用していることを頭に入れておきましょう。

3 年金を維持する仕組み

賦課方式を採用しているので自分たちが納めている保険料は今の受給者への年金支給に充てられている。将来自分たちが年金を受給する時には、自分たちが納めた保険料はもうなく、その時の現役世代が納める保険料が充てられる。子供が減っている状況だとこれから40年間保険料を支払っても年金はちゃんともらえないのではないか、とまた不安になるかもしれません。少子高齢化で人口に占める高齢者の割合はこれからも大きくなるので、自分たちが保険料を納めても全部それが年金支給に回り、積み立てをする余裕がなくなって将来の年金給付に支障をきたすのではないか、とも思うかもしれませんね。

そういう不安を払拭するための方法が検討されてきました。確かに賦課方式を採っていますので、現役世代が納めた保険料は現在の年金支給の財

【賦課方式】

現役世代が納める保険料が
年金の主な財源

少子高齢化が進んでも
年金は大丈夫？

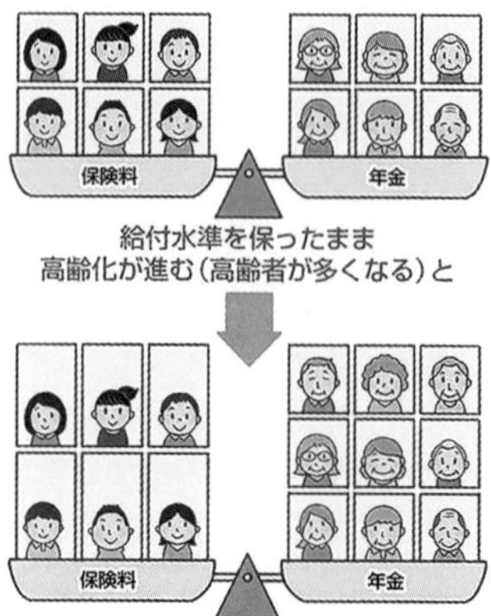

図3-15　賦課方式と保険料負担

出所：厚生労働省「『いっしょに検証！ 公的年金』マンガで読む公的年金制度（第7話）」
https://www.mhlw.go.jp/nenkinkenshou/manga/07.html から画像引用。

源となっています。受給者が多くなって保険料を納める人の数が少なくなると、年金支給額の総額に対して保険料収入が足りなくなり、現役世代の保険料負担を上げる必要が出てきます。一方で、保険料負担を上げないと将来の年金支給にも支障をきたし、公的年金が維持できるのかという問題にもなります。この問題については、少子高齢化が現実のものとなってきた20年以上前から、どうやったら年金が維持できるのか、どのようにして維持するのか検討が行われてきました。公的年金は重要な社会的扶養の仕組みですから、将来にわたって維持できるような仕組みを入れていかなければなりません。

マクロ経済スライド

そこで2004年にマクロ経済スライドという制度が導入されました。これがどういう仕組みかというと、公的年金は賦課方式を採っているので、毎年の物価や賃金の変動に応じて年金額を見直し、上げたり下げたりしています。例えば、物価を調査して5%上がったとなると、国民年金の年金

現役世代の負担が重くなりすぎないよう、保険料負担に上限を設けて収入を固定し、その範囲内で給付を行う仕組み

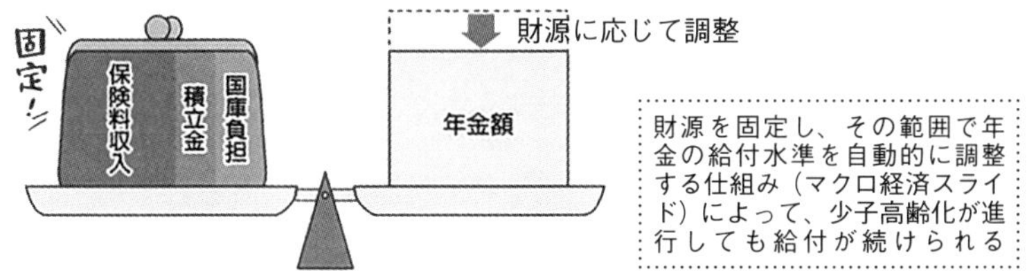

図3-16　マクロ経済スライド

出所：厚生労働省「『いっしょに検証！ 公的年金』マンガで読む公的年金制度（第7話）」https://www.mhlw.go.jp/nenkinkenshou/manga/07.html から画像引用。

額も5%上げるというのが原則です。そのようにして年金額を毎年調整しながら、その実質的な価値が維持されるようにしています。これは賦課方式だからそうなっているわけです。

ところが、現在は少子高齢化が急速に進んでいます。年金額をこの原則どおり物価や賃金に応じて上げていくと、財源である保険料収入や国庫負担もどんどん大きくならざるを得ない。つまり、現役世代の保険料負担や国庫負担が過大になる可能性があります。国庫負担の財源も現役世代が大部分を負担している税金ですから、現役世代に過度な負担をかけることになってしまうのです。

マクロ経済スライドでは、現役世代が負担する保険料に上限を設定し、年金支給の財源を固定させたうえで、その範囲で年金の給付水準を調整することになります。そして物価や賃金が上昇した場合には、本来それに応じて年金額を上げなくてはなりませんが、マクロ経済スライドによって、現役世代の減少と寿命の伸びに応じてその上昇率を緩やかなものとし、年金の給付水準を抑制しています。

この仕組みですが、誰にとって迷惑かというと現在の受給者の方々ですよね。賦課方式は物価の上昇に応じて年金額を調整するのでインフレに強い、そう信じてこれまで保険料を納めてきたのですから。マクロ経済スライドは、現在の受給者に少し我慢をしてもらうことで、公的年金を将来にわたって維持する仕組みともいえるのです。

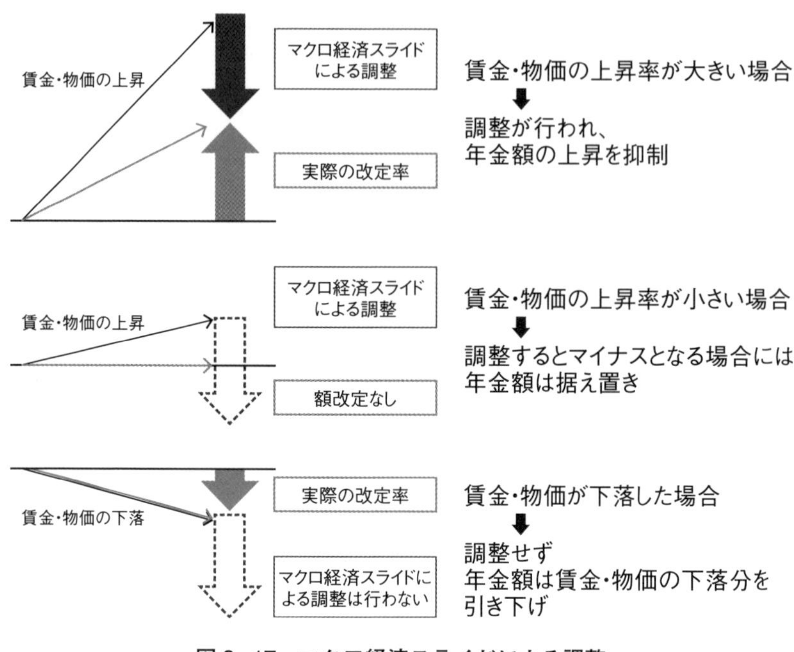

図3-17　マクロ経済スライドによる調整

出所：日本年金機構 HP
https://www.nenkin.go.jp/service/jukyu/kyotsu/kaitei/20150401-02.html をもとに作成。

財政検証

公的年金は、加入してから給付を受けるまで40年以上というとても長期的なものです。マクロ経済スライドを導入して当面の持続性は確保されたものの、年金財政の見通しの検証は定期的に、緻密に行われています。人口の予測や人口構成、経済状況などの見通しを踏まえて、今後の約100年間の収入と支出を検証する財政検証を5年ごとに実施しています。定期的な検証とそれに基づいて年金額の調整などの対応を行うことで、公的年金の持続性を維持するための取り組みです。

マクロ経済スライドを発動し続けていると、全体としての収入と支出のバランスは維持できますが、物価や賃金の上昇ほどは年金額を上げない状態が続きます。インフレに強いのが賦課方式の良いところだったのです

人口構成や経済状況等の見直しを踏まえ、5年ごとに財政検証を実施

少子高齢化で、長期的には給付水準は緩やかに低下する見通し
（所得代替率50%程度か）

所得代替率：公的年金の給付水準を示す指標
現役男子の平均手取り収入額に対する年金額の比率

※年金額は夫婦2人の基礎年金＋夫の厚生年金として計算

図3-18　財政検証

が、マクロ経済スライドによって抑えていることで、長期的に見ると将来受け取る年金額の水準は緩やかに低下するだろうと見られています。

公的年金の給付水準について、所得代替率という指標を使うことがあります。これは現役世代の平均の手取り収入に対する一般的な年金額の割合を示したものです。人口や経済の状況にもよるものの、現在は60%程度ある所得代替率は50%程度になるのではないかといわれています。

皆さんが就職して会社員となり、保険料をきちんと納付し続けて65歳になった時に受給する年金額は、現役時代の給料の半額程度になるとイメージしておけばよいでしょう。それで十分だと思う人もいると思いますし、そうでないと思う人もいるかもしれません。自分自身の公的年金の給付水準をイメージしたうえで、自助努力でどのような準備をしておくかを考えていく必要があります。

公的年金の制度は社会状況の変化や国民の声によっても変わっていくものです。長寿化で元気な高齢者が増え、一般的な退職年齢もさらに伸び、年金の支給開始年齢がもっと遅くなることも十分に考えられます。長い付き合いとなる制度であるからこそ、関心を持ち続けておくことが大切です。

第3節　医療・介護

1　公的医療保険の仕組み

国民皆保険

ここからは年金とともに大変重要な社会保障制度の一つである公的医療保険について見ていきます。民間企業が提供している医療保険もたくさんあります。それに対してここで学ぶのは社会保障制度、つまり国が制度として国民に提供している医療保険のことです。これを公的医療保険といいます。第1節でも出てきたように、我が国の社会保障制度の特徴の一つは、国民皆年金、そして国民皆保険です。すべての国民は必ずいずれかの公的医療保険に加入できるというのが、国民皆保険の制度です。皆さんも病院に行く時には健康保険証を窓口で提示すると思います。つまり、どこかの公的医療保険にすでに加入しているのです。

必ずいずれかの公的医療保険に加入できるというのは、日本の社会保障制度の大きな特徴になっています。外国では公的医療保険に加入できる人が限定されていたり、それすらない国もあります。日本のように国民全員が必ず加入できるというのは着目すべき特徴です。

公的医療保険に加入することが国民にとってなぜ良いかというと、医療を低い自己負担で受けることができ、また、保険は保険料だけで賄われているのではないからです。保険料で足りない部分を、公費つまり税金と、厚生年金と同じように会社員の場合には事業主負担が加わり、それで運営されているのです。日本の医療制度の大きな特徴は、国民全員が公的医療保険に加入できるということ、さらに国民が受診する医療機関を自由に選べること。皆さんも病院に行く時は、自分で選んで行くと思います。そして「診てもらったけれども、違う病気ではないか」と思ったら、別の診療科の病院に行くこともできますよね。あるいは普通のクリニックでは不安だから大学病院で診てもらおうとか、念のため大きな病院で検査しようと

【日本の国民皆保険制度の特徴】
①国民全員を公的医療保険で保障
②医療機関を自由に選べる（フリーアクセス）
③安い医療費で高度な医療
④社会保険方式を基本としつつ、皆保険を維持するため、公費を投入

図３-19　国民皆保険制度の特徴

出所：厚生労働省 HP
https://www.mhlw.go.jp/stf/seisakunitsuite/bunya/kenkou_iryou/iryouhoken/iryouhoken01/index.html

いうこともあります。このように国民が病院の規模や診療科を問わず、受診したいと思った時に自由に受診する医療機関を選ぶことができることをフリーアクセスといいます。世界では、あらかじめ決められた医療機関を最初に受診しなければならない国もあります。社会保障が進んでいるといわれる北欧の国では医療費は無料なのですが、受診できる医療機関は地域によって決まっています。つまりこの町の人はこの病院にまず行きなさいということが決まっていて、そこで医師が判断をして「じゃあこの人は大きな病院で検査を受けなければならない」となったら、予約をして初めて大きな病院に行けるのです。日本のように医療機関を自分で選べて、そしていつでも行ける、受診しても安い自己負担額で済むというのは、非常に大きな特徴なのです。

公的医療保険には社会保険方式が導入されています。つまり公的年金と同じように、国民皆保険を維持するために、加入者が負担する保険料だけではなく税金を入れることによって、保険料を低くしています。さらに会社員の場合には事業主負担があります。日本の国民医療費、つまり１年間に国民が使う医療費の財源構成を見ると、被保険者つまり加入者が支払うのと事業主負担を合わせた保険料で、医療費の約半分が賄われていますが、被保険者が個人で負担する保険料だけで見ると医療費の約３割しか賄っていません。また、受診する人が実際に医療機関の窓口で支払う患者負担は約１割にすぎず、残りは国と地方公共団体による公費負担、つまり税金となっています。民間企業が提供する医療保険の場合、がん保険や入

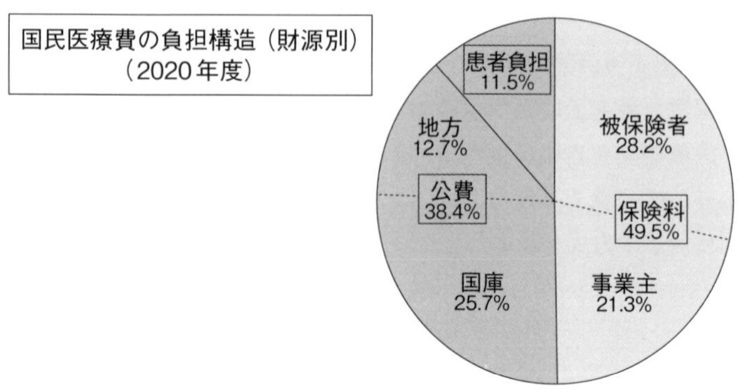

図3-20　国民医療費の構造

出所：厚生労働省HP　https://www.mhlw.go.jp/stf/seisakunitsuite/bunya/kenkou_iryou/iryouhoken/iryouhoken01/index.html のグラフをもとに作成。

院保険、女性のための医療保険など様々ありますが、当然のことながら給付・反対給付均等の原則が適用されています。つまりリスクに応じた保険料設定とそれに見合う給付しかなされません。例えば、入院したら1日5000円という保険や1万円の保険がありますが、設定する金額によって保険料が変わります。またすでに病気を持っている人はリスクが高いので、そもそも保険に入れないというのが普通です。

しかし、公的医療保険はそうではありません。その人が有するリスクにかかわらず誰でも加入することができ、保険料で足りない部分は税金で負担をします。貧しいか裕福かにかかわらず、必要な医療はすべての国民に受けてもらうというのが公的医療保険の目的だからです。ですから患者負担を一部取り入れながらも、必要な医療費のほとんどは被保険者と事業主負担の保険料、そして税金で賄うという社会保険方式が採られています。こうした社会保障制度にかかる保険料が給料から天引きされる時に、給与明細書に医療保険とか年金などと個別に書いてある会社と、社会保険料とまとめて書いてある会社があります。公的医療保険も社会保険の一つですから、公的医療保険の保険料を社会保険料に含めて記載しているところもあります。

2 保険診療の仕組み

皆さんも病院に行く際には、窓口で保険証を提示して、公的医療保険を活用した診療を受けています。公的医療保険を活用した診療のことを保険診療といいます。それに対して保険診療ではない診療もあり、自由診療といいます。自由診療の場合には保険証を提示する必要はありませんが、診療に要する費用がすべて自己負担となります。

保険診療を提供できる病院・診療所や公的医療保険を適用して薬剤を提供することのできる調剤薬局のことを、保険医療機関、保険薬局といいます。また保険医療機関で公的医療保険を適用した医療を提供できる医師のことを保険医と言います。医師であっても公的医療保険を適用して医療行為を行う人は保険医の登録をしなければいけません。患者は保険医療機関の中から自由に選んで病院に行き、診療を受けます。そして病院の窓口でお金を支払いますが、その金額は診療にかかった実際の費用の一部のみです。一部だけなのでこれを一部負担金といいます。

では、その残りの金額はどのように保険医療機関に支払われるかというと、審査支払機関という機関があります。具体的には社会保険診療報酬支払基金と国民健康保険団体連合会という、加入している公的医療保険の保険者（医療保険者）に応じて二つの機関があります。提供した医療行為に伴う診療報酬の請求が、医療機関からまずこの審査支払機関に送られるのです。患者の一部負担金以外の診療報酬を審査支払機関を経由して医療保険者に請求するわけです。病院でもらう明細書で見たことがあるかもしれませんが、診療報酬というのは、例えば、初診料で何点、注射で何点、検査で何点などと点数制になっていて、その点数は医療行為の内容ごとに国が細かく定めています。医療機関が診察や治療、処方などの医療行為の対価として公的医療保険の保険者に診療報酬を請求するための明細書をレセプトといいます。こういう診療をしたので、残りのお金を支払ってください、というものですね。

医療機関はこのレセプトをまず審査支払機関に送付するのです。審査支払機関は、保険医療機関が行った診療内容が国の定めた保険診療のルールに従っているのか、適正な診療が行われているのかを審査します。もし不

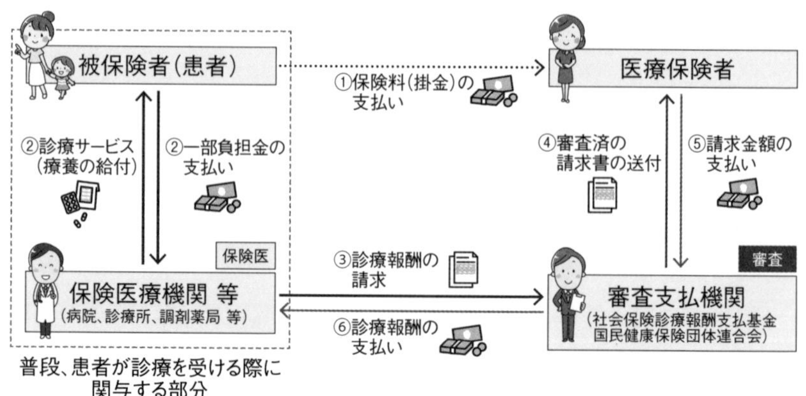

図3-21　公的医療保険を利用した診療（保険診療）の仕組み

出所：厚生労働省 HP
https://www.mhlw.go.jp/stf/seisakunitsuite/bunya/kenkou_iryou/iryouhoken/iryouhoken01/index.html
をもとに作成。

適正な診療が行われてその経費が請求されてしまうと誰が損をするかというと、患者が加入している医療保険者が損をします。医療保険者が損をするということは、加入者の保険料や税金が無駄に使われることにつながります。ですから、医療機関から出てきた請求についてルールに沿った正しい診療をしているのかどうか、過剰な診療をしていないかどうかなどを審査する仕組みになっています。この審査を経たうえで、審査支払機関から医療保険者、つまり患者が加入している公的医療保険に対してレセプトが送られることになります。医療保険者はそれを受けて請求に対するお金を支払い、審査支払機関を通じて医療機関に診療報酬が支払われます。これによって初めて、医療機関は診療にかかった経費をすべて回収できる仕組みになっています。

公的医療保険の保険料は被保険者つまり加入者が負担しますが、被扶養者、つまり扶養に入っている人は世帯主の保険に加入することになっています。つまり世帯主が被保険者となって月々の保険料を支払えば、その家族はみんな同じ保険に加入することができるという仕組みです。

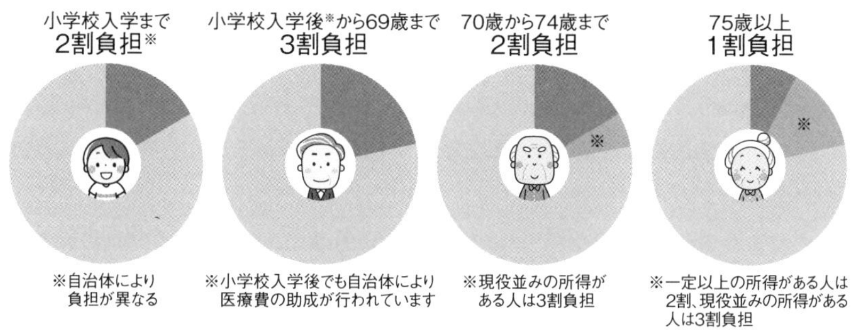

図3-22　公的医療保険の一部負担金の割合

出所：日本医師会 HP　https://www.med.or.jp/people/info/kaifo/system/ をもとに作成。

医療機関の窓口で支払う医療費の割合

医療機関の窓口で払う一部負担金の割合ですが、現在、基本は3割負担です。そして70歳になると2割になり、75歳になると1割になります。ただ、高齢者でも一定以上の所得がある人や現役並みの所得がある人は、2割または3割負担となっています。そして、小学校入学までは2割負担が原則になっています。ただ、住んでいる市町村によっては、中学生まで医療費が無料とか、高校生まで無料というところもあるかと思います。入院は有料だけれど通院での受診は無料だったり、入院まで無料だったりなど市町村によって差があります。これはどういうことかというと、子育てを応援したり住民サービスを上げるために、都道府県や市町村が独自に一部負担金に対して助成をしているのです。ですから公的医療保険の制度としては小学校入学までは2割、それ以降は3割の負担が原則になっています。

一部負担金を除いた残りの費用は、審査支払機関を経由して加入している医療保険者から医療機関に支払われています。これは調剤薬局も一緒です。処方箋をもらって調剤薬局で薬を受け取って支払いをする時には一部負担金しか支払っていません。残りの費用は薬局からの請求により審査支払機関経由で医療保険者から支払われています。

 公的医療保険の種類

国民全員が公的医療保険に加入することができますが、職業や年齢によって加入する医療保険者が異なります、医療保険者とは公的医療保険の運営主体のことをいいます。

どのような制度になっているかを見ていきましょう。まず75歳未満か75歳以上かで大きく異なります。75歳未満の人は、公的年金がそうだったように、自営業者グループとサラリーマングループで加入する保険が異なります。自営業者グループつまり個人事業主や無職の人は、都道府県と市町村が運営する国民健康保険に加入します。地方公共団体が運営しているので地域保険ということもあります。そしてサラリーマングループ、つまり会社員や公務員の人は、会社が従業員とその家族のための健康保険組合を設立しています。公務員の場合には共済組合という組合が作られています。このように雇用されている人とその家族のための保険を被用者保険といいます。そして75歳になると職業に関係なく後期高齢者医療制度に加入します。これは各都道府県ごとにすべての市町村が加入する広域連合という組織が設立され運営されています。75歳以上の方のことを後期高齢者と呼ぶことがありますが、この後期高齢者医療制度に加入する年齢であるというのがその背景です。

被用者保険には、雇用されている本人だけでなく、被扶養者、つまり本人が扶養している家族はすべて加入することができます。配偶者や子どもは自分自身に所得があって世帯主の扶養から外れない限り、世帯主の医療保険に加入することができるのです。被用者保険は、従業員が家族ぐるみで加入することができる仕組みなのです。被用者保険の医療保険者は多数あります。大企業に勤務している人は、組合健保と呼ばれる健康保険組合が企業ごと、あるいは複数の企業によって設立されています。その企業に勤めている人とその家族を対象とした被用者保険ですね。企業でも中小企業の場合は個々に組合を作るほどの従業員数ではないので、中小企業に勤務する人すべてを対象とした全国健康保険協会という組織が作られています。通称を協会けんぽといいます。協会けんぽは中小企業に勤めている人とその家族を対象とした被用者保険です。公務員や私立学校の教職員の場

職業や年齢によって加入する保険が異なる

【75歳までの人】

自営業者・無職等：都道府県と市町村が運営する国民健康保険（地域保険）

会社員・公務員等：被用者保険（各会社が運営する健康保険組合、共済組合など）

【75歳以上の人】

都道府県ごとの広域連合が運営する後期高齢者医療制度

※被用者保険では被保険者（加入者）の被扶養者もその保険に加入

図3-23　公的医療保険の種類

合には共済組合という組合が保険者となっています。共済組合も複数あり、警察官とその家族が加入する警察共済組合や、道府県の職員とその家族が加入する地方職員共済組合、市町村職員とその家族が加入する市町村職員共済組合など、その職域に応じて共済組合が設立され、そこに職員とその家族が加入する仕組みになっています。一方で、地域保険である国民健康保険には扶養という考え方がなく、一人ひとりが加入し保険料を負担する必要があります。

4　働き方や年齢で変わる保険

このような制度になっているので、働く場所や働き方が変わると加入する保険が変わります。同じ会社員であっても転職して勤務する会社が変われば、加入する保険（医療保険者）が変わります。公務員も同じです。同じ公務員でも市町村の職員から国の職員に変わる場合には、加入する共済組合が変わります。年金の場合には第1号被保険者から第2号被保険者に変わったり、第3号被保険者に変わったりするという変化でした。しかし、公的医療保険の場合には、勤務先によって加入する保険、つまり医療保険者が変わるので、その都度手続きが必要です。もし会社や公務員を辞めてフリーランスになる場合には、市町村に行って国民健康保険に加入す

表３-７　公的医療保険の種類と主な加入者

	地域保険	被用者保険			
	国民健康保険	全国健康保険協会（協会けんぽ）	組合健保	共済組合	後期高齢者医療制度
主な加入者	自営業者、非正規労働者、無職、74 歳迄の高齢者など	中小企業に勤務する人と家族	大企業に勤務する人と家族	公務員や私立学校の教職員と家族	75歳以上の高齢者
一部負担金の割合	小学校入学までは２割、小学校入学後から 69 歳までは３割、70 歳から 74 歳までは２割（現役並み所得者は３割）				１割（一定以上の所得者は２割、現役並み所得者は３割）

ることになります。さらに配偶者や親の被用者保険に加入している被扶養者の場合には、扶養者の勤務先によって加入する保険が変わるということになります。そして 75 歳になると、勤務しているか否かを問わず、全員が後期高齢者医療制度に加入することになります。

ただ加入する保険が変わったからといって、窓口で支払う一部負担金の割合が変わるわけではありません。公的医療保険は、加入する医療保険者にかかわらず窓口で支払う一部負担金の割合は年齢に応じて決まっているため、一部負担金の割合は変わりません。

就職して正社員になると、大企業の場合は組合健保（各会社が作っている健康保険組合）に加入するでしょうし、中小企業であれば協会けんぽに加入します。公務員となった場合にはいずれかの共済組合に加入することになります。ところが雇用されても正社員ではなく、例えば非常勤やアルバイトなどの場合には、これら被用者保険に加入することができません。この場合は自営業者の人と同じく国民健康保険に加入することになります。ただ短時間勤務でも一定の労働条件を満たす場合、例えば週に何十時間以上の勤務などという条件がありますが、それらの条件を満たす場合には、被用者保険である組合健保や協会けんぽに加入できるケースがあります。求人票で正規社員ではないけれども社会保険ありと書いてあるところは、被用者保険に加入できるということを意味しています。ただ、学生のアルバイトのような短時間の働き方では基本的には被用者保険に加入する

①医療給付：治療を必要とする病気や怪我について、一部負担金（原則３割）を除く治療費を負担

②高額療養費：医療機関や薬局の窓口で支払った一部負担金の額が１カ月で一定額を超えた場合に、超過した額を支給

③出産育児一時金：被保険者またはその被扶養者が出産した場合に支給

④埋葬料：被保険者またはその被扶養者が死亡した場合に支給

⑤傷病手当金・出産手当金（被用者保険のみ）

図３-24　公的医療保険による給付内容

ことができません。なぜなら、被用者保険は厚生年金と同じように、事業主が保険料の半分を負担する仕組みになっているので、それだけ会社の負担も大きいからです。

5　公的医療保険による給付内容

公的医療保険に加入していることで、どのような給付が受けられるのかを見ていきます。まずは病院に行った時の給付でしょう。治療を必要とする病気や怪我については、原則３割の一部負担金を除いた残りの費用は、病院や調剤薬局から審査支払機関を経由して各医療保険者に請求され、医療保険者から病院や薬局に支払われます。これを医療給付といいます。

病気や怪我ではないけれど、顔を綺麗にしたいから美容整形をするとか、歯並びを良くするために歯の矯正をするとか、これらはその人の命を守るための病気や怪我の治療ではないため保険適用の対象外となることがほとんどです。公的医療保険は人の命や健康を守るため、すべての国民が加入する制度となっているので、プラスアルファの部分については保険適用外となり自由診療、つまり全額自己負担ということになります。

医療給付は公的医療保険の中核的な給付ですが、実は公的医療保険で給付されるのはそれだけではありません。高額療養費という給付があります。高額療養費制度とは、重い病気で毎日病院に通ったり、大きな手術を

受けたりして、支払う一部負担金の額が高額になってしまった場合、具体的には医療機関や薬局で１カ月間に支払った一部負担金の金額が家族単位で一定額を超えた場合には、その超過分を公的医療保険から支給してくれる制度です。

そのほか被保険者やその被扶養者が出産した場合には出産育児一時金が、被保険者やその被扶養者が亡くなった場合には埋葬料が、公的医療保険から支払われます。さらに国民健康保険にはありませんが、被用者保険には傷病手当金という怪我をした時の手当金や、出産手当金という出産のため会社を休んだ場合の手当金も支給されます。公的医療保険の給付はかなり充実しているのですね。

高額療養費制度

特に高額療養費制度は知っておいた方がいいでしょう。手術や長期の入院、高額の薬剤使用などで一部負担金の額が高額になってしまう状況は誰にでも起こり得ます。そのような時に１カ月間に支払う一部負担金の額が一定額を超えれば、後日その超えた部分が公的医療保険から支給され、実質的に自己負担額は一定額で打ち止めになるという非常にありがたい制度です。

一部負担金は３割負担が原則です。しかし３割負担でも月100万円の医療費がかかったとしたら、一部負担金だけでも30万円になってしまいます。1カ月で30万円かかることになると、普通の会社員にとっては非常にきついです。特に年金暮らしの高齢者などにとっては受診を控えざるを得ない状況に追い込まれる可能性もあります。高額療養費制度はそのような状況を防ぐため、１カ月間の一部負担金の上限額を決めてそれを超える部分を支給する制度ですが、その上限額は加入者の年齢や所得水準に応じて定められています。また自己負担額は家族の分まで合算することができます。ただし入院時の食事負担や差額ベッド代などは対象になりません。また、高額療養費はいったん支払ったうえで後日、申請して支給されるものです。

公的医療保険だけでは不安だから、民間企業が提供する医療保険に加入

高額療養費制度:医療機関や薬局の窓口で支払った一部負担金の額※が、ひと月(月の初めから終わりまで)で上限額を超えた場合に、その超えた金額を支給する制度

※入院時の食費負担や差額ベッド代等は含まない

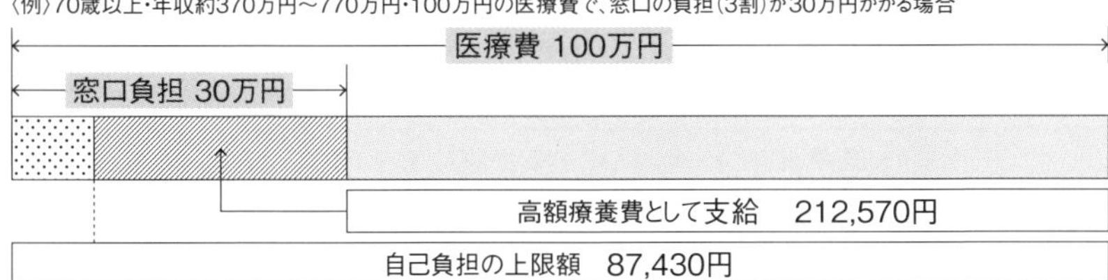

212,570円を高額療養費として支給し、実際の自己負担額は87,430円

図3-25　高額療養費制度

出所：厚生労働省 HP　https://www.mhlw.go.jp/content/000333276.pdf をもとに作成。

しようと思う人もたくさんいると思います。最悪どれくらいの自己負担額が必要なのかを考えるうえで、この高額療養費制度があるということは大きなポイントです。この仕組みがあることで、不幸にも病気にかかって高額な治療が必要となったとしても、自己負担額は、年齢や所得によって定められた一定額以上は申請によって戻ってきます。高度な医療も安心して受けることができる制度になっているのです。

参考　諸外国との比較

日本の医療環境は恵まれているとの評価が一般的ですが、世界と比べてどうか諸外国の制度を見てみたいと思います。

日本は皆保険ですから国民全員がいずれかの公的医療保険に加入しています。そして患者が自由に病院を選んで受診するフリーアクセスが保障されており、保険診療による医療の価格は国が定めているため、どこで診療を受けても金額は同じです。そして日本では入院も外来受診も調剤費もすべて公的医療保険の対象です。ところが海外では、保険制度や医療機関へのアクセスなどに差があります。またアメリカのように公的医療保険への加入が一部の人に限定されている国もあります。日本のように病院に行って保険証を出せば、基本はすべて保険の対象になるというのとはかなり事

表3-8　海外の医療保障制度

	保険制度	外来患者自己負担	かかりつけ医の登録制の有無（法的義務含む）
イギリス	9割を占める公的（税財源）、および1割の民間自費医療サービスが両立	公的は原則無料（処方箋料等の少額負担あり）	有（登録診療所のみ受診可）
アメリカ	公的な医療保険は「メディケア」と「メディケイド」のみ	保有する保険により年間免責金額、定額負担、負担割合等が異なる	無（保険毎に受診可能な契約医あり）
フランス	公的皆保険（民間保険は二階建て部分をカバー）	3割負担（償還式）。かかりつけ医を通さずに専門医を受診した場合は7割負担（婦人科・小児科・眼科・歯科は除く）	有（かかりつけ医を登録する制度はあるが、紹介状なしに他の医師を受診することができる）
ドイツ	皆保険。公的（90%）、および民間医療保険（10%）の両立（公的保険は選択可能）	原則無料（2013年より自己負担廃止）	無（法的義務はないが、90%がかかりつけ医を持つ。家庭医中心診療に参加しているのは、人口の5%程度）
スウェーデン	税方式による公営の保険・医療サービス	料金はランスティング（広域自治体）が独自に決定。自己負担の上限がある	地区診療所を家庭医として登録
日本	公的皆保険	原則3割負担（自己負担額の上限あり）、小学校入学までは2割負担	無

出所：日本医師会 HP　https://www.med.or.jp/people/info/kaifo/compare/ をもとに作成。

情が違います。日本は国民にとっては非常に医療にアクセスしやすい制度になっています。その代わり多くのお金をそこにかけているのです。

2　保険財政

 医療提供の全体像

日本では、国民医療費が国内総生産（GDP）の8%程度（2020年）を占める大きな額となっています。医療の提供には医師や薬剤師、看護師、保健師など多くの人が携わっています。病院や診療所もたくさんあります。

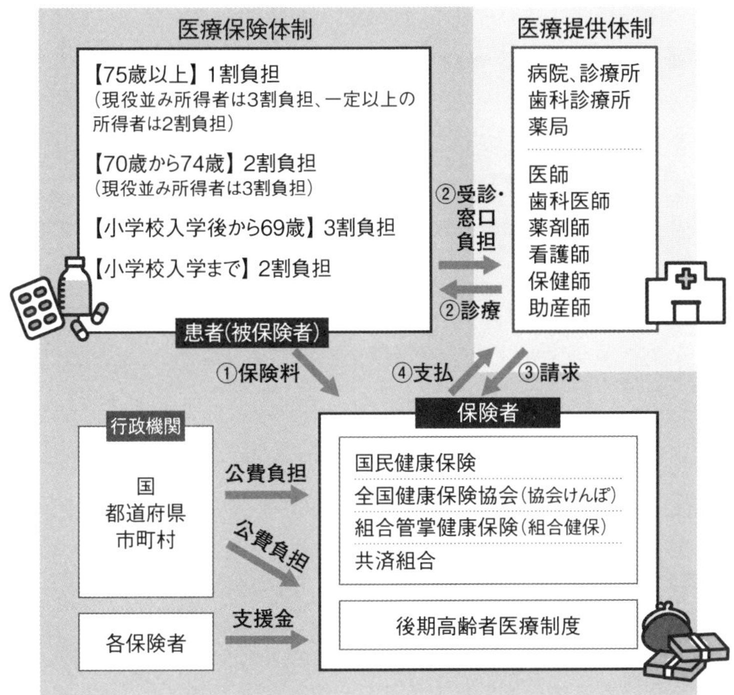

図 3-26　我が国の医療制度の概要

出所：厚生労働省 HP「我が国の医療保険について」 https://www.mhlw.go.jp/stf/seisakunitsuite/bunya/kenkou_iryou/iryouhoken/iryouhoken01/index.html をもとに作成。

日本の医療提供体制の大きな特徴は、病院や診療所のほとんどが民間で運営されているということです。もちろん市立病院や県立病院といった公立病院もありますが、大多数の病院やクリニック、調剤薬局などは民間で経営されています。医療の提供が基本民間ベースで行われていることは日本の医療提供体制の大きな特徴です。

患者は医療機関に対してフリーアクセス、つまりどこでも自由に選んで受診することができます。保険診療を受ける時の患者の一部負担金は原則3割で、その総額は国民医療費の約10%程度となっています。国民は必ずいずれかの公的医療保険の加入者となっていて、被保険者である加入者は保険料を納めます。被用者保険の被保険者の家族などの被扶養者は保険料なしで同じ保険に加入しています。

国民全体で年間に納められている公的医療保険の保険料は、被用者保険における事業主負担分を含めて国民医療費の約半分となっています。一方、患者負担と保険料で不足する残りの医療費は国や地方公共団体が公費、つまり税金で負担していることになります。国内総生産（GDP）の8%程度という規模を考えると、日本の医療は非常に巨大な産業と見ることもできます。そして国民は皆保険で全員がいずれかの公的医療保険に加入しており、病院側から見れば患者というお客さんでもあるわけです。我が国の医療は、国民が利用する莫大な医療サービスを、患者が負担する一部負担金と公的医療保険が支出する給付、そして税金で賄う巨大な仕組みとなっています（※ P.158 図 3-20 参照）。

2　各保険者の比較

公的医療保険を運営する医療保険者は多数ありますが、保険者によって加入する人の年齢や職業が違います。フリーランスの人や無職の人は都道府県と市町村が運営する国民健康保険、中小企業の従業員は全国健康保険協会（協会けんぽ）に加入します。大企業が従業員のために作っている組合管掌健康保険（組合健保）は1400近くもあり、公務員などのための共済組合も85あります。そして75歳以上になると全員が後期高齢者医療制度に加入しますが、その運営主体は各都道府県ごとに設立されています。

各保険者によって加入者の年齢層が異なり、年齢が違うと必要な医療費に差がでるのが普通ですから、加入者一人当たりの医療費にも格差があります。また、被用者保険である協会けんぽや組合健保、共済組合は企業の従業員や公務員といった現役世代とその家族が加入者となっているため一人当たりの医療費が低く、平均所得は比較的高くなっています。一方で、国民健康保険には自営業者だけでなくフリーランスや無職、アルバイトや年金暮らしの人なども加入していますので平均年齢と一人当たりの医療費が高く、平均所得は低いという傾向にあります。

各保険者によって必要な医療費が異なることから、保険料にも差が出てきます。また被用者保険である協会けんぽや組合健保、共済組合は保険料の半額を雇用主が負担する事業主負担がありますが、国民健康保険にはこ

表3-9　各保険者の比較

	国民健康保険	全国健康保険協会（協会けんぽ）	組合管掌健康保険（組合健保）	共済組合	後期高齢者医療制度
保険者数	1,716	1	1,388	85	47
加入者数	2,660万人（1,733万世帯）	4,044万人（被保険者2,479万人）（被扶養者1,565万人）	2,884万人（被保険者1.635万人）（被扶養者1,249万人）	854万人（被保険者456万人）（被扶養者398万人）	1,803万人
加入者平均年齢	53.6歳	38.1歳	35.2歳	32.9歳	82.5歳
65～74歳の割合	43.6%	7.7%	3.4%	1.4%	1.7%
加入者一人当たり医療費	37.9万円	18.6万円	16.4万円	16.3万円	95.4万円
加入者一人当たり平均所得	86万円（一世帯当たり133万円）	159万円（一世帯当たり260万円）	227万円（一世帯当たり400万円）	248万円（一世帯当たり462万円）	86万円
加入者一人当たり平均保険料〈事業主負担込〉	8.9万円（一世帯当たり13.8万円）	11.9万円〈23.8万円〉（被保険者一人当たり19.5万円〈38.9万円〉）	13.2万円〈28.9万円〉（被保険者一人当たり23.2万円〈50.8万円〉）	14.4万円〈28.8万円〉（被保険者一人当たり26.8万円〈53.6万円〉）	7.2万円
公費負担額	4兆3,034億円（国3兆1,115億円）	1兆2,360億円（全額国費）	725億円（全額国費）	なし	8兆5,885億円（国5兆4.653億円）

※注 保険者数·加入者数は2020年3月末の数値。公費負担額は2022年度予算ベースの数値。その他は2019年度の数値である。

出所：厚生労働省HP　https://www.mhlw.go.jp/stf/seisakunitsuite/bunya/kenkou_iryou/iryouhoken/iryouhoken01/index.html をもとに作成。

れがありませんので、保険料で不足する部分は公費（税金）で補われています。一方、後期高齢者医療制度は加入者全員が75歳以上ですから、平均年齢も80歳を超え平均所得も低い一方で、一人当たりの医療費は非常に高くなります。ですからそこには多くの税金が投じられています。

3　保険料

被用者保険（会社員・公務員など）

就職をして会社員や公務員になると被用者保険に加入します。中小企業であれば協会けんぽ、大企業の場合は会社の健康保険組合（組合健保）、公務員であれば共済組合です。そして給料の額（標準報酬月額）に、加入している医療保険者が定める保険料率を乗じて保険料が決まります。給料が

【被用者保険（会社員・公務員など）】
- ●給料の額（標準報酬月額）に保険料率を乗じて保険料が決定 給料から天引き
- ●加入している医療保険者によって保険料率は異なる
- ●事業主（会社）は従業員と同額を負担
- ● 40 歳以上の人は介護保険料を含む

【国民健康保険（自営業者等）】
- ●保険料は所得割、資産割、均等割、平等割の組み合わせ
- ●市町村によって保険料の仕組みと額は異なる
- ● 40 歳以上の人は介護保険料を含む
- ●所得が大幅に減った場合、災害で被害を受けた場合など申請による減免制度がある
- ●市町村から納付通知書が送付され納付

図 3-27　公的医療保険の保険料

高い人ほど保険料が高いというのがポイントです。民間保険の場合には、リスクに応じて保険料が変わります。医療保険の場合のリスクというのは病気や怪我で医療を受けることです。その人が病院に行く可能性が高ければ保険料が高くなり、その可能性が低ければ保険料が安くなります。民間の医療保険では、持病がある場合にはそもそも加入できないものもあります。

しかし、公的医療保険の場合はそうではありません。その人の給料の額に応じて保険料が決まります。病気だとか、病気になりそうだとかは関係ありません。その人が抱えるリスクではなく、能力に応じて負担を求める制度になっているからです。ここにもまた、応能負担の原則が適用されているのです。そして被用者保険では事業主も従業員である加入者と同額の保険料を負担します。ですから、実際に本人が負担する保険料は、標準報酬月額×保険料率× 1/2 となります。通常、保険料は月々の給与から自動的に引かれます（天引き）。また 40 歳になると全員が介護保険に加入することになりますが、その保険料もこの公的医療保険の保険料と合わせて負担することになります。

保険料率は、加入している医療保険者によって異なります。保険者に

よって加入者の平均年齢や一人当たりの医療費、所得や保険料の水準が異なるためです。保険料収入が少なく医療費が多くかかる場合は、保険料を上げなければなりません。個々の医療保険者が加入者の医療費として医療機関に負担するお金と、保険料収入とのバランスを取りながら運営しているので、加入している医療保険者によって保険料率、つまり保険料が異なるのです。

公的年金である厚生年金も標準報酬月額に保険料率を乗じて保険料が算定されました。つまり給料が多ければ多いほど年金保険料が上がる仕組みです。被用者保険の保険料もこれと同様の仕組みになっています。ただ、厚生年金の場合には納めた保険料が多ければ将来受け取る年金額も多くなる仕組みでしたが、公的医療保険の場合はそうではありません。高い保険料を支払ったからといって必ず病院に行くとは限りませんよね。逆に、たくさん病院に行ったからといって保険料が高くなることもありません。納めている保険料の額に関係なく、誰でも一部負担金の割合は同じです。いつ病気になるかは誰もわかりません。加入者が負担能力に応じて保険料を負担し、さらに会社が半分の事業主負担をして、みんなで支え合う仕組みになっているのです。

国民健康保険（自営業者など）

国民健康保険は都道府県と市町村によって運営されており、市町村が保険料を決定しますので、市町村ごとに保険料の仕組みやその額も異なります。40歳以上の人の保険料には介護保険の保険料を含むのは被用者保険と同じです。被用者保険と異なる点としては、加入者である世帯主の保険に被扶養者も加入するという仕組みがない一方で、保険料は世帯ごとに算定することです。国民健康保険の保険料は所得に応じて算定される所得割、所有する固定資産の価値に応じて算定される資産割、一人当たり定額の均等割、そして1世帯当たり定額の平等割の全部またはいずれかを組み合わせて算定されます。また保険料には最高限度額が設定されています。国民健康保険は、一般的に加入者の平均年齢が高く医療費が多くかかる一方で、非正規雇用や無職の人などの割合が多く平均所得が低いため、保険料収入が少なくなる傾向にあります。また被用者保険のような事業主負担もないことから、保険料のみで運営することが難しく、公費（税金）が投入されています。なお市町村によっては、保険料に代えて、条例により国民健康保険税という税を創設して徴収しているところもあります。

会社員であった人が会社を辞めると、通常は市町村の窓口に行って国民健康保険に加入する手続きをします。また国民健康保険は都道府県と市町村が運営している制度ですから、国民年金に保険料免除や納付猶予の制度があったように、所得が大幅に減った場合や災害で被害を受けた場合など、保険料を納めることができない場合には、保険料の減免制度があります。様々な理由で保険料を納めることができない場合には、まず市町村に減免制度の対象になるかどうかを相談することが大切です。

4　国民健康保険の財源構成

すべての国民は後期高齢者医療制度に加入する75歳まではいずれかの公的医療保険に加入しなければなりません。自営業者やフリーランスの人だけでなく、会社を退職した人や年金生活の人も含めて、多くの人は国民健康保険に加入します。そのため国民健康保険は、加入者の平均年齢が高く医療費がたくさんかかる一方で、入ってくる保険料は少ない傾向にあ

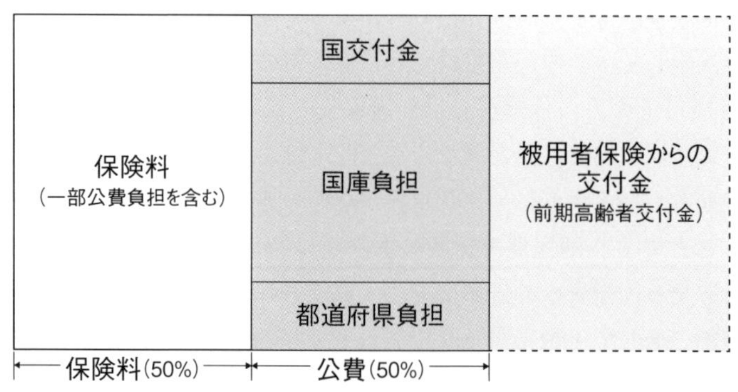

図3-28　国民健康保険の財源構成

出所：厚生労働省HP　https://www.mhlw.go.jp/stf/seisakunitsuite/bunya/kenkou_iryou/iryouhoken/iryouhoken01/index.html をもとに作成。

り、保険料に加えて公費（税金）を投入しています。ただ、それでも足りないのが実情です。では、どうしているのでしょうか。

実は国民健康保険は、被用者保険から前期高齢者交付金という支援を受けています。65歳から74歳までの人の医療費を支援するための交付金という趣旨です。通常、会社員は定年までは各会社の被用者保険に加入し、退職後はその多くが国民健康保険に加入します。病気をあまりしない現役時代に被用者保険に加入し、高齢になって病気のリスクが高くなった頃に国民健康保険に加入するのです。一方で定年後は現役時代よりは収入が少なくなる人がほとんどですから国民健康保険の保険料は少なくなる傾向があります。そうすると国民健康保険は非常に運営が苦しくなります。一方で被用者保険の方は、若年で収入の高い現役の加入者がほとんどで、歳を取ったら退職によって保険から抜けていくのでその分余裕があります。ですから、これまで被用者保険に加入していた元加入者の医療費を支援するという趣旨で、国民健康保険に交付金が支出されているのです。被用者保険は、加入者である現役世代が保険料を納付し会社も事業主負担をしています。今の社員や会社がOBのために国民健康保険に応援をする、という仕組みになっているのですね。

5　後期高齢者医療制度の概要と財源構成

75歳になるとすべての国民が後期高齢者医療制度に加入することになります。都道府県単位で全国に47ある広域連合が保険を運営しています。ただ、保険料の支払いなど様々な手続きは市町村の窓口で行っていま

- 都道府県単位の広域連合が運営・手続きは市町村の窓口
- 保険料は均等割と所得割の合計
- 保険料（約10%）、公費（約50%）に加え現役世代からの支援（約40%）で運営される

図3-29　後期高齢者医療制度の概要

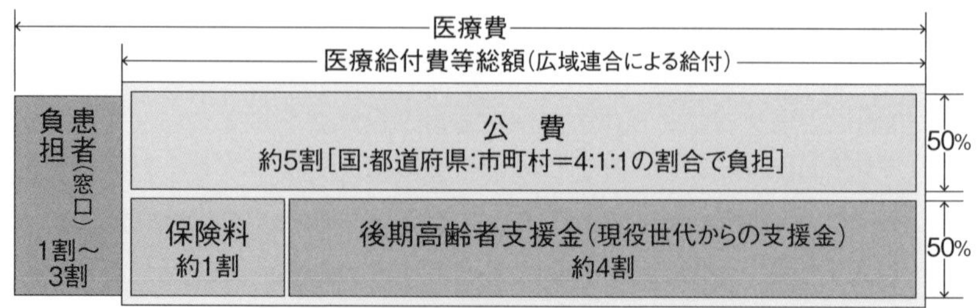

図３-30　後期高齢者医療制度の財源構成

出所：兵庫県後期高齢者医療広域連合 HP　https://www.kouiki-hyogo.jp/seido/1001469.html をもとに作成。

す。75歳以上になると保険料は納める必要がないと思っている人もいるかもしれませんが、そんなことはありません。一人当たり定額の均等割と所得に保険料率を乗じて計算する所得割を足した金額が保険料となります。ただこれにも限度額が設けられています。また、所得がなくても均等割だけはかかりますから、保険料はずっと支払っていかなければなりません。

後期高齢者医療制度では、医療機関などの窓口での患者の一部負担金は原則１割となります。ただし、一定以上の所得がある人や現役並みの所得がある人は２割または３割です。後期高齢者になると収入も少なくなる一方で、医療のお世話になる人が多くなることが普通ですから、全体として必要となる医療給付費のうち、加入者の保険料で賄われる金額は１割程度でしかありません。残りは公費（税金）と現役世代が加入する医療保険者からの支援で賄われています。

具体的には、患者の一部負担金を除く、後期高齢者医療制度が負担する医療給付費などの総額のうち、保険料で賄われるのは約１割で、約５割が国や都道府県、市町村が負担する公費です。そして残りの約４割は現役世代からの支援金ということで、協会けんぽや組合健保、共済組合、国民健康保険など74歳以下の人が加入する医療保険者が後期高齢者支援金を負担して支援する仕組みになっています。75歳になるまでは全員が被用者保険や国民健康保険に加入していたので、それらの医療保険者から支援を受けているのです。誰でも等しく歳を取りますから、税と若い世代の人たちの保険料で支援をしていく、助け合いの制度になっているのです。

3　介護保険

 介護保険制度の概要

介護保険は、介護が必要な状態になった場合に家族の負担を軽減し、介護を社会全体で支えることを目的として2000年からスタートした、社会保障制度の中では比較的新しい制度です。介護保険の保険者、つまり運営主体は市町村で、市町村ごとに運営されています。公的医療保険の場合には国民全員がいずれかの医療保険者の保険に加入する仕組みですが、介護保険については40歳以上の公的医療保険加入者が加入することになっています。つまりすべての人は公的医療保険に加入していますので、40歳になると自動的に介護保険にも全員が加入することになります。

ただ、実際にこの介護保険を適用して様々なサービスを受けることができるのは、基本的には65歳になってからです。介護保険の被保険者は、65歳以上の第1号被保険者と40歳から64歳までの第2号被保険者に分けられます。第1号被保険者は、原因を問わず要介護状態または要支援状態であるとの認定を受けた時に介護保険を適用した介護サービスを受けることができます。第2号被保険者は、加齢に伴う特定の疾病（特定疾病）が

①概要
　介護の必要な人の負担を社会全体で支えることを目的とした制度・保険者は市町村

②被保険者
　40歳以上の国民（介護保険料の支払義務）

③受給できる人
第1号被保険者　65歳以上
　要介護・要支援認定を受けた場合に保険適用

第2号被保険者　40～64歳
　老化に起因する16疾病により要介護・要支援認定を受けた場合に限り保険適用

図3-31　介護保険制度の概要

表3-10　介護保険の被保険者

	65歳以上（第1号被保険者）	40歳から64歳まで（第2号被保険者）
対象者	65歳以上の人	40歳以上65歳未満の健保組合、全国健康保険協会、市町村国保などの医療保険加入者（40歳になれば自動的に資格を取得し、65歳になる時に自動的に第1号被保険者に切り替わる）
受給要件	・要介護状態 ・要支援状態	・要介護（要支援）状態が、老化に起因する疾病（特定疾病）による場合に限定
保険料の徴収方法	・市町村と特別区が徴収（原則、年金からの天引き） ・65歳になった月から徴収開始	・医療保険料と一体的に徴収 ・40歳になった月から徴収開始

出所：厚生労働省HP
https://www.mhlw.go.jp/file/06-Seisakujouhou-12300000-Roukenkyoku/2gou_leaflet.pdf をもとに作成。

原因で要介護または要支援の認定を受けた時にのみ、介護保険を適用した介護サービスを受けることができます。特定疾病には現在、末期がんや関節リウマチなど16の疾病が指定されています。

介護保険の保険料は40歳になった月から毎月の公的医療保険の保険料に上乗せされ、会社員の場合には毎月の給与から一体的に徴収されます。65歳以上の第1号被保険者になると、年金からの天引き、または市町村に直接納めることになります。

2　制度導入の背景と特徴

介護保険は2000年にスタートしました。それまでも歩けず寝たきり状態になるなど介護の必要な人はいました。そういう人たちは病院に入院するか、市町村が運営する特別養護老人ホームなどの施設に入るか、あるいは自宅で家族に世話をしてもらうしかありませんでした。高齢化の進展に伴い、介護を必要とする高齢者は増加していきます。ただ、病院は本来治療を目的としており、回復の見込めない状態になった場合には入院を続けることは難しくなります。介護が必要になった人をすべて収容できる施設が整備できているかというとそうではないため、どうしても家族の負担が

【自立支援】
単に介護を要する高齢者の身の回りの世話をするということを超えて、高齢者の自立を支援することを理念とする

【利用者本位】
利用者の選択により、多様な主体から保健医療サービス、福祉サービスを総合的に受けられる制度

【社会保険方式】
給付と負担の関係が明確な社会保険方式を採用

図3-32　介護保険制度の特徴

重くなっていきます。寿命が長くなり、介護の期間も長期化するようになってきました。そして、家族の形態も核家族化が進行し、特定の家族が重い負担を担うようになって、介護を理由とする離職が社会問題になってきたのです。一方で2000年頃には、日本の高齢化はますます進展することはすでに現実のものとなっていました。近い将来、介護が必要な高齢者はますます増えることが予測されていたのです。

介護保険は、高齢者の介護を社会全体で支え合う仕組みですが、そこにはいくつかの特徴があります。一つは高齢者の自立を支援するという理念です。介護状態になったとしても人間としての尊厳を保ちながら、できるだけ自立した生活を営んでもらう、そのためのサービスを提供するという理念です。そして二つめが利用者本位の制度であるということです。介護を要する状態になった人が自分で選択をして、様々な主体が提供するサービスを受けられる制度になっています。介護保険制度の導入によって、「介護される人」から「介護サービスを利用する人」になったのです。三つめはその運営方式です。介護保険制度にも、公的年金や公的医療保険と同じ社会保険方式が採用されました。加入者の納付する保険料と公的負担、つまり税金を組み合わせて運営されています。

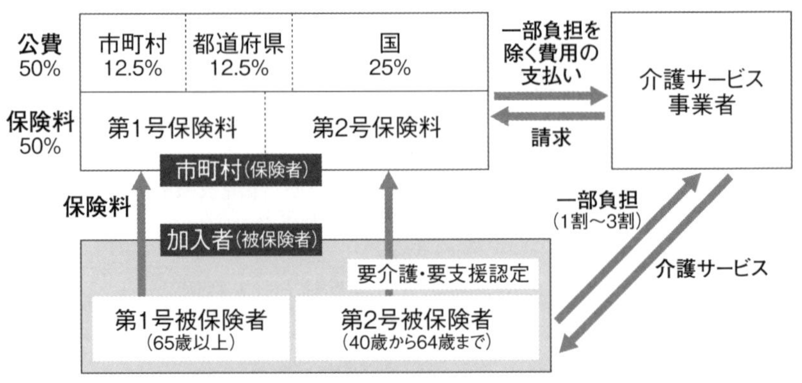

図3-33　介護保険制度の仕組みと財源構成

出所：厚生労働省 HP
https://www.mhlw.go.jp/file/06-Seisakujouhou-12300000-Roukenkyoku/2gou_leaflet.pdf をもとに作成。

3　介護保険制度の仕組みと財源構成

介護保険の保険者は市町村と東京都特別区（広域連合を設置している場合には広域連合）です。国が制度を作り、市町村単位で運営する仕組みです。介護保険者は、要介護・要支援認定を受けた被保険者が介護サービス事業者が提供する介護サービスを利用した場合に、利用者が支払う一部負担金を除く介護サービス費用を給付します。一部負担金の割合は原則1割ですが、所得が一定以上の人は2割または3割となります。65歳以上の第1号被保険者、40歳から64歳までの第2号被保険者ともに保険料を納付しますが、保険料で不足する費用は国、都道府県、市町村が公費、つまり税金で負担します。保険料と公費の割合は5：5となっています。

第1号被保険者の保険料は所得に応じて決められます。第2号被保険者の保険料は被用者保険に加入する人の場合は公的医療保険の保険料と一体的に徴収されます。保険料の金額は給料月額（標準報酬月額）に保険料率を乗じて計算されます。また公的医療保険と同様に事業主（会社）が半額を負担する事業主負担があります。国民健康保険に加入する人の場合には、介護保険の保険料は国民健康保険の保険料と一体的に徴収されます。

①市区町村の窓口で「要介護（要支援）の認定」を申請

②要介護認定の調査・判定
- 市区町村の職員が自宅を訪問し認定調査を実施
- 調査結果と主治医の意見書をもとに「介護認定審査会」が判定

③認定結果の通知（申請から30日以内）
- 要介護認定を受けた場合にはケアマネージャーに依頼して利用するサービスを決め、介護サービス計画（ケアプラン）を作成
- 要支援認定を受けた場合には地域包括支援センターが介護予防サービス計画（介護予防ケアプラン）を作成

④サービスの利用
- ケアプランに基づく利用者の負担は費用の１割から３割

図3-34　介護サービスを利用するまで

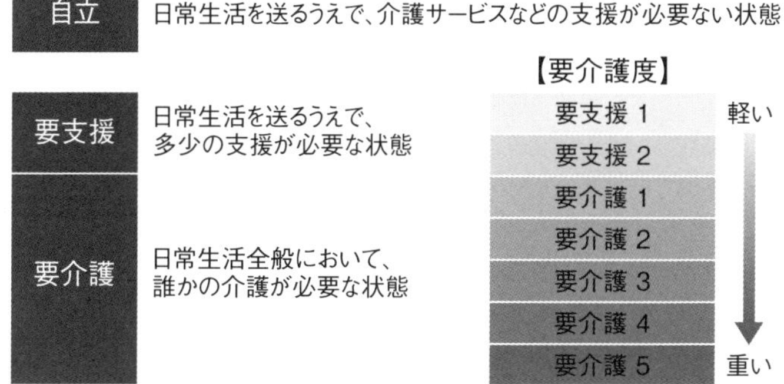

図3-35　要介護度の区分

4　介護サービス利用の流れ

介護保険を適用して介護サービスを利用するためには、要介護あるいは要支援の認定を受けることが必要です。介護が必要な状態となり介護サービスの利用を希望する場合には、まず市町村の窓口で要介護・要支援の認定を受けるための申請を行います。これを受けて市町村の職員が本人の自宅を訪問して、心身の状況について本人や家族から聞き取りなどの調査を

実施します。この調査の内容は全国共通のものとなっています。

さらに市町村から主治医に、医学的見地から意見書の作成を依頼します。この調査結果と意見書をもとに、市町村に設置された保健・福祉・医療の学識経験者による介護認定審査会が審査を行い、どのくらいの介護が必要かを判定します。要介護度は１から５まで、要支援は１か２のいずれかとなります。その結果を受けて要介護と認定され在宅で介護サービスを利用する場合には、ケアマネジャーに依頼して利用するサービスを決め、介護サービス計画（ケアプラン）を作成してもらいます。施設入居を希望する場合には希望する施設に直接申し込みます。要支援と判定された場合には各市町村に設置されている地域包括支援センターが介護予防サービス計画（介護予防ケアプラン）を作成してくれます。

要介護度が高いほど介護がたくさん必要な状態であることから、介護サービスの利用可能金額が大きくなっています。要支援、要介護それぞれの段階によって介護保険による利用限度額が決まっており、その範囲内でケアプランを作成し、介護サービスを利用することになります。利用時の自己負担は費用の１割が原則ですが、所得の高い人については２割または３割となります。

5　介護サービスの種類

介護保険制度が創設されてから、様々な介護サービスが生まれました。介護保険制度の対象となる介護サービスは民間企業が主体となって提供されています。現在では多くの企業が様々な分野のサービスに参入し、介護士など多くの人材がそこで働いています。介護保険制度によって介護という社会的課題が幅広いサービスを提供する産業に生まれ変わったともいえます。サービスの質を確保するため、都道府県や市町村がそれぞれのサービス事業者を指定したり監督する仕組みが採られています。また介護サービスの利用料金は、公的医療保険における保険診療の診療報酬と同様に介護報酬として各サービスごとに国が定めています。

表 3-11　介護サービスの種類

<table>
<tr><td rowspan="3">自宅で利用するサービス</td><td>訪問介護</td><td>訪問介護員（ホームヘルパー）が、入浴、排せつ、食事などの介護や調理、洗濯、掃除等の家事を行うサービスです。</td></tr>
<tr><td>訪問看護</td><td>自宅で療養生活が送れるよう、看護師が医師の指示のもとで、健康チェック、療養上の世話などを行うサービスです。</td></tr>
<tr><td>福祉用具貸与</td><td>日常生活や介護に役立つ福祉用具（車いす、ベッドなど）のレンタルができるサービスです。</td></tr>
<tr><td rowspan="2">日帰りで施設等を利用するサービス</td><td>通所介護（デイサービス）</td><td>食事や入浴などの支援や、心身の機能を維持・向上するための機能訓練、口腔機能向上サービスなどを日帰りで提供します。</td></tr>
<tr><td>通所リハビリテーション（デイケア）</td><td>施設や病院などにおいて、日常生活の自立を助けるために理学療法士、作業療法士などがリハビリテーションを行い、利用者の心身機能の維持回復を図るサービスです。</td></tr>
<tr><td>宿泊するサービス</td><td>短期入所生活介護（ショートステイ）</td><td>施設などに短期間宿泊して、食事や入浴などの支援や、心身の機能を維持・向上するための機能訓練の支援などを行うサービスです。家族の介護負担軽減を図ることができます。</td></tr>
<tr><td>居住系サービス</td><td>特定施設入居者生活介護</td><td>有料老人ホームなどに入居している高齢者が、日常生活上の支援や介護サービスを利用できます。</td></tr>
<tr><td>施設系サービス</td><td>特別養護老人ホーム</td><td>常に介護が必要で、自宅では介護が困難な方が入所します。食事、入浴、排せつなどの介護を一体的に提供します。（※原則要介護３以上の方が対象）</td></tr>
<tr><td colspan="2">小規模多機能型居宅介護</td><td>利用者の選択に応じて、施設への「通い」を中心に、短期間の「宿泊」や利用者の自宅への「訪問」を組み合わせて日常生活上の支援や機能訓練を行うサービスです。</td></tr>
<tr><td colspan="2">定期巡回・随時対応型訪問介護看護</td><td>定期的な巡回や随時通報への対応など、利用者の心身の状況に応じて、24 時間 365 日必要なサービスを必要なタイミングで柔軟に提供するサービスです。訪問介護員だけでなく看護師なども連携しているため、介護と看護の一体的なサービス提供を受けることもできます。</td></tr>
</table>

出所：厚生労働省 HP
https://www.mhlw.go.jp/file/06-Seisakujouhou-12300000-Roukenkyoku/2gou_leaflet.pdf をもとに作成。

索　引

あ　行

e-Tax　84, 86
違憲立法審査権　18, 32
遺贈　101, 102, 104
遺族基礎年金　134, 135
遺族厚生年金　134, 135, 136
遺族年金　114, 129, 131, 134, 135
一部事務組合　42, 45, 46
一部負担金　159, 161, 164, 165, 166, 169, 170, 173, 176, 180
iDeCo（個人型確定拠出年金）　145, 146
遺留分　103
医療給付　165
医療提供体制　169
医療費控除　76, 82, 83
運用収入　147, 148, 149, 150, 151
延滞税　93
延納　106
応能負担の原則　74, 75, 78, 99, 172

か　行

会期　17, 20, 21, 22
介護サービス　113, 177, 178, 179, 180, 181, 182, 183
介護サービス計画（ケアプラン）　181, 182
介護サービス事業者　180
介護認定審査会　181, 182
介護報酬　182
介護保険者　180
介護保険（制度）　91, 99, 113, 117, 119, 120, 121, 124, 172, 173, 177, 178, 179, 180, 181, 182
介護予防サービス計画（介護予防ケアプラン）　181, 182
下級裁判所　29
学生納付特例制度　139, 141
確定給付企業年金　145, 146
確定拠出年金（企業型）　145, 146
確定申告　65, 66, 67, 68, 71, 72, 79, 80, 81, 82, 83, 84, 85, 86, 87, 88, 89
確定年金　129
加算税　93
課税主体　67
課税所得　88, 89
課税総所得　74, 75, 76, 77, 78, 80
課税対象　69, 72, 74, 77, 78, 89, 103, 104, 107
家庭裁判所　18, 29, 31
簡易裁判所　18, 29, 31, 32
監査委員　48, 49
患者負担　157, 158, 170
慣習法　14, 15
関税　67, 68, 69
間接税　68, 69, 94
還付金　84
還付申告　82, 83, 84, 89

議院内閣制　17, 25, 37
期限後申告　93
基礎控除　76, 88, 89, 104
基礎控除額　88, 89, 90, 101, 104, 106, 107
寄附金控除　76, 83
給付・反対給付均等の原則　123, 125, 129, 158
給与所得　73, 74, 75
給与所得控除　73, 75, 88, 89
給与所得控除額　73, 88, 89, 90
給与所得者　70, 71, 72, 74, 75, 76, 79, 80, 118
教育委員会　47, 48, 49
協会けんぽ　162, 164, 169, 170, 171, 176
共済組合　91, 162, 163, 164, 169, 170, 171, 176
共助　112, 122, 145
行政委員会　47, 48, 49
行政権　16, 17, 24, 25, 26, 37, 38, 52
行政裁判　29, 30
行政組織　47, 48
許可・認可・承認　57
均等割　78, 79, 172, 173, 175, 176
勤労学生控除　75, 76
国の関与　56, 57
首長　35, 36, 37, 38, 39, 40, 47, 48, 49
組合健保　162, 164, 169, 170, 171, 176
繰上げ受給　137
繰下げ受給　137
ケアマネジャー　181, 182
軽減税率　95, 96, 99
警察共済組合　163
形式的法治主義　15, 16
刑事裁判　29, 30, 31, 32
軽自動車税　67, 68
経費　65, 72, 81, 94, 99, 100, 160
健康保険組合　91, 162, 163, 164, 171
検査権　38
源泉徴収　71, 72, 76, 79, 80, 81, 82, 89
憲法　14, 16, 18, 20, 23, 24, 26, 29, 32, 33, 35, 36, 56, 112, 113, 114, 118
権力分立　15, 16
公安委員会　29, 48, 49
広域連合　42, 162, 163, 175, 176, 180
高額療養費　165, 166
高額療養費制度　165, 166, 167
後期高齢者　162, 176
後期高齢者医療制度　162, 163, 164, 169, 170, 171, 174, 175, 176
公共経営　1, 2, 3, 4, 62
公共サービス　4, 5, 24, 52, 61, 62, 63, 79, 111, 124
公助　112, 114
更生決定　93
厚生年金　91, 133, 134, 135, 136, 137, 138, 142, 143, 144, 145, 146, 147, 148, 155, 156, 165, 173
厚生年金基金　145
控訴　30, 31, 32
公的医療保険　4, 5, 56, 62, 64, 87, 88, 91, 99, 113, 116, 117, 118, 119, 120, 121, 122, 124, 156, 157, 158, 159, 160, 161, 162, 163, 164, 165, 166, 167, 169, 170, 172, 173, 174, 177, 178, 179, 180, 182
公的年金　4, 5, 64, 87, 91, 113, 116, 117, 118, 119, 120, 121, 122, 123, 124, 125, 126, 127, 128, 129, 130, 131, 133, 134, 135, 137,

141, 143, 144, 147, 148, 149, 150, 151, 152, 153, 154, 155, 157, 162, 173, 179
公的年金制度　116, 132, 143
高等裁判所　18, 29, 30, 31, 32
国税　65, 67, 68, 70, 79, 94, 95, 100
国税庁　28, 63
国内総生産（GDP）　168, 170
国民医療費　157, 158, 168, 169, 170
国民皆年金　91, 116, 117, 119, 122, 156
国民皆保険　91, 116, 117, 119, 122, 156, 157
国民健康保険　56, 91, 99, 162, 163, 164, 166, 169, 170, 171, 172, 173, 174, 175, 176, 180
国民健康保険税　174
国民健康保険団体連合会　159
国民健康保険料の減免制度　174
国民主権　12, 16, 17
国民年金基金　145, 146
国民年金（基礎年金）　91, 122, 127, 133, 134, 135, 136, 137, 138, 139, 140, 141, 142, 143, 144, 145, 146, 147, 148, 152, 155, 174
国務大臣　25, 26, 27, 29
個人事業税　66, 67, 68
個人事業主　3, 65, 66, 71, 72, 73, 75, 79, 81, 83, 118
子育て支援　94, 111, 114
国家　10, 11, 12, 13, 14, 15, 53, 55
国会　14, 16, 17, 18, 19, 20, 21, 22, 23, 24, 25, 26, 32, 37, 38, 39, 40, 52, 61, 62
国家公安委員会　27, 28
国庫負担　135, 138, 140, 141, 144, 147, 148, 149, 150, 153
固定資産税　49, 67, 68, 69
固定資産評価審査委員会　48, 49
雇用保険　113, 115, 116, 117, 120, 121, 124
ゴルフ場利用税　68, 69

さ 行

再議　39
最高裁判所　18, 29, 30, 31, 32
最高裁判所裁判官国民審査　18
財政検証　154, 155
裁判官弾劾裁判所　19
裁判所　14, 16, 18, 19, 29, 30, 32, 37, 52
サラリーマングループ　117, 121, 124, 132, 133, 142, 146, 162
参議院　20, 21, 22, 23, 24, 40
三権分立　17, 19, 32, 37, 52
三審制　30, 31, 32
自営業者グループ　117, 121, 132, 142, 144, 145, 146, 162
事業所得　72, 73
事業主負担　121, 124, 135, 138, 144, 145, 147, 148, 149, 156, 157, 158, 170, 171, 173, 174, 175, 180
資産課税　69, 100
指示　57
自助　111, 112, 118
自然法　14, 15
市町村　2, 10, 14, 33, 34, 36, 37, 38, 40, 41, 42, 43, 44, 45, 46, 47, 48, 49, 50, 51, 52, 53, 54, 55, 56, 61, 62, 63, 65, 66, 67, 70, 71, 78, 80, 81, 87, 89, 91, 98, 99, 117, 118, 161, 162, 163, 169, 170, 172, 173, 174, 175, 176, 177, 178, 180, 181, 182

市町村職員共済組合　163
市町村税　67, 68
市町村民税　65, 66, 67, 68, 70, 78, 79
市町村優先の原則　43, 55
執行機関　38, 39, 47, 49
実質的法治主義　15, 16
実定法　14, 15
私的扶養　128, 131
自動車税　67, 68
司法権　16, 18, 29, 30, 37
社会的扶養　128, 129, 131, 132, 150, 151, 152
社会的役割　3, 4
社会保険　88, 91, 92, 117, 120, 121, 122, 123, 124, 126, 143, 158, 164
社会保険診療報酬支払基金　159
社会保険の壁　88, 91, 143
社会保険方式　117, 120, 121, 147, 157, 158, 179
社会保険料　64, 87, 91, 92, 121, 147, 158
社会保障　13, 27, 94, 99, 100, 111, 112, 113, 114, 118, 120, 128, 157
社会保障サービス　100, 114, 116, 117, 118, 120, 129
社会保障制度　5, 53, 74, 91, 100, 111, 112, 113, 114, 115, 116, 117, 118, 119, 120, 122, 124, 128, 156, 158, 177
社会保障の意義　111, 112, 128
衆議院　17, 18, 20, 21, 22, 23, 24, 25, 26, 38, 39, 40
自由国家　13
終身年金　129, 130
自由診療　159, 165
修正申告　93
住宅ローン控除　77, 83
収入　61, 65, 70, 71, 72, 73, 75, 77, 78, 79, 80, 81, 83, 87, 88, 89, 90, 91, 92, 94, 99, 124, 132, 138, 141, 142, 143, 147, 148, 154, 155, 175, 176
住民自治　33, 34, 35, 36
住民税　64, 65, 66, 67, 68, 70, 71, 78, 79, 80, 81, 87, 88, 89, 90, 92, 94
住民税の壁　88, 89
受益　5, 66, 93, 95, 99, 100, 111, 113, 116
受益と負担　5, 111
受給開始年齢　137
受給資格　136, 137, 138
受給資格期間　136, 137, 138, 139, 140, 141
主権　11, 12, 14, 17
酒税　67, 68, 69
出産育児一時金　165, 166
出産手当金　165, 166
障害基礎年金　134, 135
障害厚生年金　134, 135, 136
障害者控除　75, 76, 105
常会（通常国会）　20, 21
障害年金　114, 115, 129, 131, 134, 135
消極国家　13
上告　30, 31, 32
省庁再編　27
譲渡所得　75
消費課税　69, 94
消費税　63, 64, 67, 68, 69, 94, 95, 96, 97, 98, 99, 100
傷病手当金　165, 166
条理　14, 15
条例　14, 15, 34, 36, 37, 38, 47, 48, 51, 79, 174

昭和の大合併　41
ショートステイ　120, 183
助言・勧告　57
所得　65, 66, 67, 69, 70, 71, 72, 73, 74, 75, 76, 77, 78, 79, 80, 81, 82, 83, 89, 90, 141, 161, 162, 164, 167, 172, 173, 174, 176, 180, 182
所得課税　69, 70
所得控除　75, 76, 77, 78, 79, 80, 82, 83, 87, 88, 118
所得控除額　74, 75
所得税　64, 65, 66, 67, 68, 69, 70, 71, 72, 73, 74, 75, 76, 77, 78, 79, 80, 81, 82, 87, 88, 89, 90, 92, 94, 99, 104, 124
所得税の壁　88, 89, 90
所得代替率　155
所得割　78, 79, 172, 173, 175, 176
資料提出の要求　57
申告対象期間　83, 84
申告納税制度　66, 92, 93
審査支払機関　159, 160, 161, 165
人事委員会　48, 49
人的控除　75, 76
診療報酬　159, 160, 182
税額　71, 73, 74, 75, 76, 78, 79, 80, 81, 82, 83, 89, 93, 98, 103, 104, 105
税額控除　77, 82, 83, 105
生活保護制度（生活保護）　46, 51, 56, 114, 117, 118
税金　4, 5, 11, 62, 64, 65, 66, 67, 68, 70, 75, 78, 79, 80, 82, 83, 84, 87, 88, 89, 90, 92, 93, 95, 96, 101, 106, 117, 121, 124, 126, 135, 140, 146, 147, 148, 153, 156, 157, 158, 160, 170, 171, 174, 175, 176, 179, 180
政治　9, 10, 11
生存権　56, 112, 114, 118
成文法　14, 15
税務署　63, 64, 65, 66, 70, 71, 80, 81, 84, 87, 93, 94, 96, 97, 100, 106, 108
税務調査　66, 92, 93
生命保険料控除　76
税目　67, 68, 69
税理士　67
税率　65, 75, 77, 78, 79, 95, 96, 99, 100, 104, 107, 108, 124
政令指定都市　49, 50, 51, 52, 55
是正の要求　57
前期高齢者交付金　174, 175
専業主婦（主夫）　74, 91, 142, 143, 145
選挙管理委員会　48, 49
専決処分　39
全国健康保険協会　162, 169, 170, 178
総所得金額　74, 75, 76, 77
相続　100, 101, 102, 103, 108
相続財産　103, 104, 106, 108
相続時精算課税制度　108
相続税　67, 68, 69, 100, 101, 103, 104, 105, 106, 108, 124
贈与税　68, 100, 106, 107, 108
租税　67
尊属　101, 103, 107, 108

た　行

第1号被保険者　142, 143, 144, 145, 146, 163, 177, 178, 180

第２号被保険者　142, 143, 144, 146, 163, 177, 178, 180
第３号被保険者　142, 143, 144, 145, 146, 163
退職等年金給付　145, 146
大統領制　25, 38
大都市制度　49
たばこ税　67, 68, 69
弾劾裁判　19
団体自治　33, 34, 35, 36
地域包括支援センター　181, 182
地域保険　162, 163, 164
地方公共団体　1, 2, 4, 10, 11, 14, 25, 30, 33, 34, 35, 36, 37, 38, 39, 40, 41, 42, 43, 44, 46, 47, 48, 49, 51, 52, 53, 54, 55, 56, 57, 62, 65, 67, 70, 76, 78, 79, 83, 94, 95, 99, 112, 118, 120, 157, 162, 170
地方公共団体に対する国の関与　56
地方公務員共済組合　163
地方裁判所　18, 29, 30, 31, 32
地方自治　27, 33, 35, 36, 37
地方自治制度　33, 36, 37, 40, 41, 53
地方自治の本旨　33, 35, 36, 56
地方自治法　36, 37, 41, 52, 53, 56
地方消費税　68, 95, 96, 98, 99
地方税　65, 66, 67, 68, 70, 78, 79, 95, 98
地方労働委員会　48,49
中核市　50, 51, 55
抽象的違憲審査制　32
超過累進税率　77, 78, 104, 107
直接税　68, 70, 100
直接請求権　35
直系　101
直系尊属　101, 102, 103, 107, 108
直系卑属　101, 107, 108
追徴課税　66
積立方式　148, 149, 150, 151
デイサービス　120, 183
デジタル庁　27, 28
転嫁　97, 98
電子申告　84, 86
天引き　65, 67, 68, 147, 158, 172, 178
特定疾病　177, 178
特別会（特別国会）　21
特別区　40, 41, 42, 47, 52, 178
特別地方公共団体　41, 42, 52, 53
特別徴収　71, 80
特別養護老人ホーム　51, 120, 178, 183
特例贈与　107, 108
都道府県　2, 10, 14, 29, 33, 34, 36, 37, 38, 40, 41, 42, 43, 44, 45, 46, 47, 48, 49, 50, 51, 52, 53, 54, 55, 56, 61, 62, 63, 65, 66, 67, 78, 80, 87, 98, 99, 117, 118, 161, 162, 163, 169, 170, 173, 174, 175, 176, 180, 182
都道府県税　67, 98
都道府県民税　65, 66, 67, 68, 70, 78, 79

な　行

内閣　14, 16, 17, 18, 20, 21, 22, 23, 24, 25, 26, 27, 32, 37, 38, 40, 52
内閣総理大臣　16, 17, 19, 21, 22, 23, 24, 25, 26, 29, 37, 38, 39
二元代表制　37, 38, 39, 40, 41, 52
二層制　40, 54, 91
入湯税　68, 69

年金（公的年金）　45, 46, 94, 95, 99, 111, 113, 114, 116, 117, 121, 122, 123, 124, 125, 126, 127, 128, 129, 130, 134, 136, 137, 138, 139, 141, 142, 143, 144, 145, 148, 149, 150, 151, 152, 153, 156, 158, 178
年金財政　147, 154
年金積立金　148
年金特別会計　148
年末調整　65, 71, 76, 79, 82, 83
農業委員会　48, 49
納税義務者　68, 69, 70, 97, 98
納付猶予　138, 139, 140, 141, 174

は　行

配偶者控除　75, 76, 87, 88, 90, 92, 105
配偶者特別控除　75, 76, 88, 90
配偶者特別控除の控除額が減少する壁　90
配偶者特別控除の適用外となる壁　90
ハローワーク　114
判例法　14, 15
非課税財産　103, 104, 107
被相続人　101, 102, 105
卑属　101
必要経費　72, 73, 75, 77, 83, 88
ひとり親控除　75, 76
被扶養者　87, 88, 91, 160, 162, 163, 164, 165, 166, 169, 171, 173
被保険者　141, 157, 158, 160, 163, 165, 166, 169, 171, 177, 178, 180
被用者保険　162, 163, 164, 165, 166, 169, 170, 171, 172, 173, 174, 175, 176, 180
標準賞与額　147
標準報酬月額　135, 138, 144, 147, 171, 172, 173, 180
平等割　172, 173
賦課方式　123, 148, 149, 150, 151, 152, 153, 154
福祉国家　13
不信任の議決　39
付随的違憲審査制　32
普通地方公共団体　41, 47, 49, 52, 53, 54
普通徴収　80, 81
復興庁　27, 28
物的控除　76, 77
物納　106
不動産所得　75
不文法　14, 15
扶養控除　75, 76, 87, 88, 90, 92
扶養控除･配偶者控除の適用外となる壁　90
扶養親族　90
フリーアクセス　157, 167, 169
平成の大合併　41
傍系　101, 102
傍系血族　101, 102
法人事業税　67, 68
法人税　67, 68, 69, 99
法治主義　15, 16
法定相続人　100, 101, 102, 104, 106, 108
法定相続分　101, 102, 103, 104
法の支配　15, 16
法律　14, 15, 16, 17, 18, 20, 21, 32, 33, 34, 35, 36, 37, 46, 47, 49, 53, 56, 57, 79, 94, 122, 123
保険医　159

保険医療機関　159
保険者（医療保険者）　159, 160, 161, 162, 163, 164, 165, 169, 170, 171, 172, 173, 176, 177, 180
保険診療　62, 159, 160, 167, 169, 182
保険料　4, 5, 76, 87, 88, 91, 92, 117, 121, 122, 123, 124, 125, 126, 127, 129, 130, 133, 134, 135, 136, 137, 138, 139, 140, 141, 142, 143, 144, 145, 146, 147, 148, 149, 150, 151, 152, 153, 155, 156, 157, 158, 160, 163, 165, 169, 170, 171, 172, 173, 174, 175, 176, 178, 179, 180
保険料納付済期間　137
保険料免除期間　137
保険料率　135, 138, 144, 147, 171, 172, 173, 176, 180
補助機関　47

ま 行

埋葬料　165, 166
マクロ経済スライド　152, 153, 154, 155
未成年者控除　105
民間保険　120, 121, 122, 123, 124, 125, 126, 128, 129, 151, 168, 172
民事裁判　29, 30, 31, 32
民法　27, 100, 101, 102, 104
明治の大合併　41
命令　14, 15, 18, 19, 30, 32
免除　98, 137, 138, 139, 140, 174
免税事業者　98

や 行

夜警国家　13
遺言書　100, 102, 106
要介護　177, 178, 181, 182, 183
要介護度　181, 182
要介護認定　181
要介護・要支援認定　177, 180, 181
要支援　177, 178, 181, 182
要支援認定　181

ら 行

利子税　106
立法権　16, 17, 20, 37, 38
臨時会（臨時国会）　21
累進税率　77, 78, 124
レセプト　159, 160
労災保険　116, 117, 120, 121, 124
老齢基礎年金　134, 135, 136, 137
老齢厚生年金　134, 135, 136, 137
老齢年金　134

【著者略歴】

金﨑　健太郎（かなさき・けんたろう）

京都大学法学部卒業、筑波大学大学院システム情報工学研究科博士後期課程修了。
博士（社会工学）。

自治省（現総務省）入省後、佐賀県総括政策監、和歌山市副市長、総務省選挙部企画官、札幌市財政局長、内閣官房内閣参事官、東京大学大学院客員教授、関西学院大学教授等を経て、
現在、武庫川女子大学教授・全国市町村国際文化研修所客員教授。

税と社会保障の基礎知識
公共経営と社会の仕組み

2023年9月11日初版第一刷発行

著　者　金崎健太郎

発行者　田村和彦
発行所　関西学院大学出版会
所在地　〒662-0891
　　　　兵庫県西宮市上ケ原一番町1-155
電　話　0798-53-7002

印　刷　協和印刷株式会社

Printed in Japan by Kwansei Gakuin University Press
ISBN 978-4-86283-366-2